全国教育硕士专业学位推荐教材

全国教育硕士专业学位教育指导委员会　组织编写
教育部课程教材研究所　推荐使用
人民教育出版社　出　版

本书编写人员

主　　编　徐福荫　袁锐锷

编　　者（以汉语拼音字母为序）

陈品德　丁　新　李克东

徐福荫　袁锐锷　张新华

顾明远　总主编

全国教育硕士专业学位推荐教材

现代教育技术基础

XIANDAI　JIAOYU　JISHU　JICHU

徐福荫　袁锐锷　主编

人民教育出版社

·北京·

图书在版编目（CIP）数据

现代教育技术基础/徐福荫，袁锐锷主编．—北京：人民教育出版社，2005
ISBN 978－7－107－18522－9

Ⅰ．①现… Ⅱ．①徐… ②袁… Ⅲ．①多媒体—计算机辅助教学 Ⅳ．①G434

中国版本图书馆 CIP 数据核字（2005）第 027524 号

人民教育出版社出版发行
网址：http://www.pep.com.cn
人民教育出版社印刷厂印装 全国新华书店经销
2005 年 12 月第 1 版 2016 年 7 月第 8 次印刷
开本：787 毫米×1 092 毫米 1/16 印张：18.75
字数：388 千字 印数：47 001～52 000 册
定价：24.30 元

联系地址：北京市海淀区中关村南大街 17 号院 1 号楼 邮编：100081
电话：010－58759215 电子邮箱：yzzlfk@pep.com.cn

全国教育硕士专业学位推荐教材

总　序

教育硕士专业学位是为中小学教师设置的一种专业学位。设置教育硕士专业学位是提高中小学教师学历层次，从而提高我国基础教育水平的一项重要举措。从1996年国务院学位委员会第十六次会议批准设置这项学位以后，1997年即在16所师范大学开始试点。七年来，试点学校已增加到41所，共招收在职教师近3万名，已经取得学位的教师有7 000余名。取得学位的教师大多数都成为学校中的骨干。今后几年，教育硕士招生规模将进一步扩大。我国教师队伍约有1 200万人。如果要求10％的教师达到研究生水平，获得教育硕士专业学位，那么则需要培养120万名。依靠我们现在的招生规模，何年何月才能达到？但是，我们现在的培养能力又是很有限的。为了保证学位的质量，必须稳步发展，不能急躁冒进。没有质量的数量扩张，不仅毫无意义，而且会浪费时间和财力，更会败坏教育硕士专业学位的名誉。因此，坚持高质量、高水平是教育硕士专业学位的生命线，是我们从事这项事业的人必须时时铭记在心的。为了教育硕士专业学位的声誉，我们教育指导委员会的每个成员都诚惶诚恐，每年都要到学校去考察检查；每年都要开会讨论教学问题。我希望各试点学校的领导和教师也要把教育硕士专业的教学质量放在头等重要的位置，加强领导，时时关心。

为了保证质量，全国教育硕士专业学位教育指导委员会从试点开始之日起，就组织各试点学校有经验的教师联合编写必修课的教材。经过几年的努力和试用，各门教材已陆续完成，并由人民教育出版社正式出版发行。这是教育硕士专业学位建设中的大事，是值得我们大家高兴的大喜事。结合这套教材的发行，我想说说这套教材的特点和学习中需要注意的几个问题。

第一，重视理论和实际的结合。这套教材是根据在职教师的特点专门编写的，既重视教育理论的介绍，又重视研究教育实际中的重大理论问题。把教育实际中的问题提升到理论上来阐述，可以提高学员对问题的认识。教师学习教育理论是十分必要的。有些教师不大重视理论学习，认为理论离他们太远，希望学习到能够立即提高教学质量的操作性技能。这种心情可以理解，但是这是一种缺乏远见的想法。在教育工作中没有现成的适用于每个教师的操作方法，因为面对活生生的学生，教育工作具有极大的灵活性和创造性。教师只有在充分认识教育规律以后，才能去创造出有效的教育方法。教育理论的学习，就是要提高教师对教育规律的认识，提高教师的理论思维能力，使他们在实际工作中有所创造。可能有的学员认为，教育理论在大学本科期间已经学过，入学考试又学过一遍，学位课程中还要学，是不是有重复？这种疑虑是没有必要的。学习理论是无止境的。在大学本科时期，还没有教育实际经验，那时的学习是朦朦胧胧的，对教育理论并不能透彻地理解。现在学习是带着问题学。学员都具有三年以上的教育实践，一定曾经遇到过许多感到困惑的教育问题，现在在硕士课程中学习，带着这些困惑的问题和老师共同探讨，一定会有新的收获，对教育会有新的认识。为了把理论和实际结合起来，我们还特别编写了《教育问题案例研究》。作者花了两年多的时间收集了几百个案例，供大家来讨论分析。

第二，重视学科的前沿性。编写的教材尽量能够反映学科当前发展的新成果，注意吸收国际上新的教育经验和理论研究成果，使教师学习了这些课程后，能够了解该门学科发展的历史、现状和趋势，了解世界各国教育发展新动向。这不仅能够使教师学习到最新的教育理论，而且能够帮助他们开阔视野，拓展思路，有利于创造他们自己的新经验。

第三，重视研究。教材不是给教师提供现成的教育结论，而是向教师提出问题，启发思维，研究答案。中小学新的课程改革重视探究性学习，而教育硕士专业学位课程的学习更要重视探究。教育硕士专业学位要培育的不是只会教书的教书匠，而是要培养研究型教师。当然，他们应该会教书，而且应教得更好，但更重要的是善于在教育工作中发现问题，研究问题；也只有会发现问题、研究问题才能把书教得更好。

这套教材是试点学校的集体创作，每本教材都是由一所学校牵头，几所学校的老师参加，首先讨论提纲，然后由几位老师执笔。大家一面编写，一面试讲，多次修改，历经五六个年头，应该说这套教材是比较成熟的。但是形势在发展，学科也在发展，这套教材虽然经过多年努力，仍会有不尽如人意之处。希望读者在使用中提出宝贵意见，以使本套教材日臻完善。

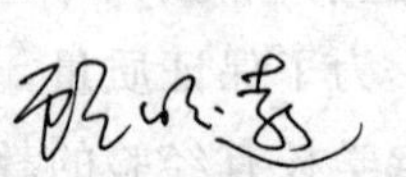

2004 年 8 月 16 日

（顾明远教授系全国教育硕士专业学位教育指导委员会主任、中国教育学会会长、北京师范大学博士生导师）

目　　录

Mu　Lu

前言

教育硕士专业学位的设置及其教育的实施，是我国教师教育改革的重大举措之一，它不但提升了我国教师教育的层次，而且将教师的职前训练和在职继续教育整合成一个有机的专业成长过程。在为教育硕士设置的专业学位课程体系中，《现代教育技术基础》是一门重要的必修课，因为现代教育技术对于我国教育现代化和教师专业化水平的提高有着特殊重要的意义。

关于“现代教育技术”的内涵，就其技术而言，它是以现代信息技术为核心的，因为在现代教育模式中，多媒体和网络技术可以整合人类迄今为止使用过和还在使用的其他媒体，诸如语言、文字和图形、图像，广播、录音和电视、录像等；而就其教育而言，现代教育技术是关于教与学过程和教与学资源的设计、开发、利用、管理和评价的理论与实践，这就要求我们必须将现代信息技术与现代教育学、心理学的理论整合起来，使教育技术的运用符合教育与学生身心发展的规律。因此，在设计《现代教育技术基础》课程内容和实施原则的时候，我们不但要充分考虑到教育硕士专业学位的特点，而且要充分关注课程内容的先进性、前沿性及其与相关学科的交叉性、综合性和选择性，着眼于培养教育硕士的实际运用现代教育技术的能力、教育教学能力和教育科研能力。

根据上述设想，《现代教育技术基础》教材的框架是以数字化、信息化为主线，以现代先进的教育和心理理论为指导，以满足基础教育新课改对教师提高现代教育技术的新要求为目标而建构的。本教材在概述现代教育技术的基础上，分章重点阐述了现代教学媒体与数字化学习环境、数字音像媒体与教学应用、数字教育电视节目制作与应用，多媒体技术与教学应用、网络技术与教学应用、多媒体数据库与教学应用、人工智能与教学应用、现代远程教育、教学设计的原理与方法、信息技术与学科教学整合等方面的内容。全书共十一章，各章的撰稿人分别为：第一、二、十、十一章由李克东撰写，第三、四、五章由徐福荫撰写，第六、七章由张新华、徐福荫撰写，第八章由陈品德撰写，第九章由丁新、徐福荫撰写。全书由徐福荫和袁锐锷统稿。

由于科学技术和教育理论的不断发展，现代教育技术具有明显的动态性。所以，我们将在本教材出版试用后定期进行增删修订，欢迎选用本教材的院校师生及时向我们反馈有关信息，不吝赐教。考虑到我国幅员辽阔，各地区社会经济发展不尽一致，多媒体技术、网络技术等在教师中的普及程度也参差不齐，所以有关院校可以根据教学目标和当地的实际情况选学本教材的部分内容，也可以作适当的补充。这里需要特别予以指出的是，限于篇幅，本书着重于现代教育技术基础的内容，同时也初步阐述了教育技术在教学中的应用问题，而事实上教育技术在教育教学过程中的应用是一个极其复杂的、具体的、个别的问题，因此，师生在本课程的教学中一定要结合《教育学原理》等其他相关课程的学习，形成正确的教育理念以指导教育技术的应用。

自2003年初全国教育硕士专业学位教育指导委员会决定编写教育硕士专业学位教材系列丛书，并委托我们主编《现代教育技术基础》教材之后，经过编写组全体成员近两年的艰苦努力，终于成书出版。在此，我们不仅要衷心感谢所有支持本教材编写的有关领导和专家，更要感谢编写组全体成员的辛勤劳动，尤其要感谢华南师范大学国家级重点学科教育技术学学术带头人李克东教授，作为国内外知名的学者，他不仅亲自撰写了本书的若干章节，而且对全书的编写作了细致的指导。

徐福荫　袁锐锷

2005年5月10日于华南师范大学

第一章　现代教育技术概述

现代教育技术作为当今教育教学改革的“制高点”与“突破口”，带动教育领域各个方面的发展，包括教育思想、教育观念的更新，对教学内容、教材形式、教学手段与方法以及教学模式、教育体制和教学理论都将产生深刻的影响。现代教育技术就是运用现代教育理论和现代信息技术，通过对教与学的过程和资源的设计、开发、利用、管理和评价，以实现教学优化的理论和实践。

第一节　现代教育技术的基本概念

《中共中央国务院关于深化教育改革全面推进素质教育的决定》中指出，要“大力提高教育技术手段的现代化水平和教育信息化程度”。教育信息化，最基本的要求就是要在教育教学领域中广泛有效地应用现代信息技术，即以应用现代教育技术为突破口，推进教育信息化建设。

一、美国教育传播与技术协会 1994 年对教育技术的定义

美国教育传播与技术协会（Association for Education Communication and Technology，简称 AECT）1994 年对教育技术的定义指出：“教育技术是关于学习过程与学习资源的设计、开发、利用、管理和评价的理论与实践。”这一定义的构成和内涵可用图 1－1 表示。①

该定义表明教育技术的研究对象是过程和资源，基本研究内容是设计、开发、利用、管理和评价等五个方面的理论和实践。

（1）学习过程和学习资源的设计，是指为达到给定的教学目标，首先要进行学习者的特征分析和教学策略制定，在此基础上进行教学系统及教学信息设计。其中，包括教学内容的确定、教学媒体的选择、教学信息与反馈信息呈现内容与呈现方式设计等，以创造最

---

①［美］巴巴拉·西尔斯等著，乌美娜等译：《教学技术：领域的定义和范畴》，中央广播电视大学出版社 1999 年版，第 47 页。

优化的教学模式，使每个学生都成为成功的学习者。

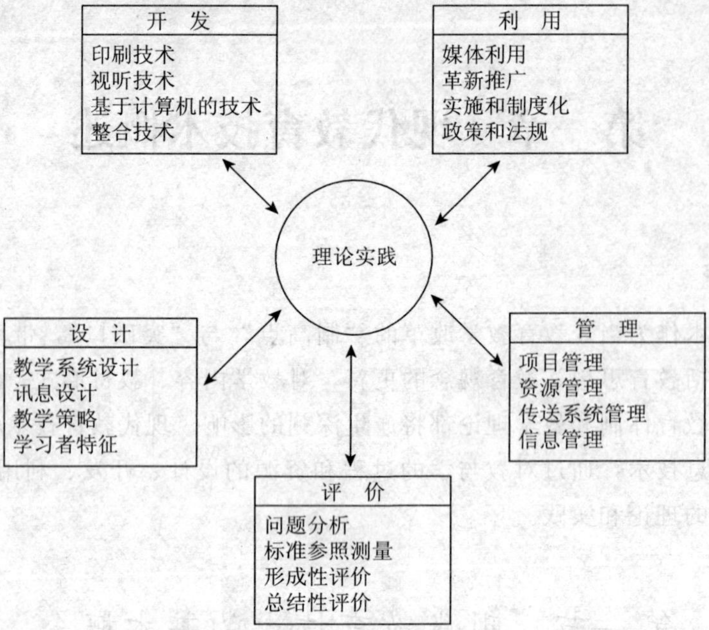

图 1-1　美国教育传播与技术协会 1994 年教育技术定义的构成与内涵

（2）学习过程和学习环境的开发，是指对音像技术、电子出版技术、计算机辅助教学与技术以及多种技术综合集成应用于教育教学过程的开发研究。也可以说，开发是对教学设计结果的“物化”或“产品化”，是教学设计的具体应用。开发领域的范围可以是一节课、一个新的改进措施，也可以是一个大系统工程的具体规划和实施。

（3）学习过程和学习资源的利用，应强调对新兴技术、各相关学科和最新研究成果以及各种信息资源的利用和传播，并要设法加以制度化、法规化，以支持教育技术手段的不断革新。

（4）学习过程和学习资源的管理，指对所有学习资源和学习过程进行计划、组织、指挥、协调和控制。具体包括教学系统管理、教育信息及资源管理、教学研究及开发管理等。管理出效益，科学管理是教育技术的实施和教学过程、教学效果优化的保证。

（5）学习过程和学习资源的评价，是指在注重对教育教学系统的总结性评价的同时，更要注重形成性评价，并以此作为质量监控和不断优化教学系统与教学过程的主要措施。为此，应及时对教育教学过程中存在的问题进行分析，并参照规范要求（标准）进行定量的测量与比较，向学习者提供有关学习进步的情况，以便及时调整学习步伐，直至取得成功。

二、现代教育技术的基本思想

美国教育传播与技术协会 1994 年对教育技术的定义对推动我国教育技术工作的发展提供了很好的理论指导和促进作用。为了更好地结合我国的国情，深刻理解教育技术的内涵，正确应用现代教育技术，有必要对如下方面加以关注和强调。

（1）教育技术应用必须重视现代教育理论的指导作用。

（2）教育技术的发展是与科学技术的进步紧密相联系的，如图 1－2 所示。在信息时代必须重视新兴技术在教育中的应用，需要强调教育技术应用中要充分发挥现代信息技术作为教学的辅助工具和学生学习的认知工具的作用。

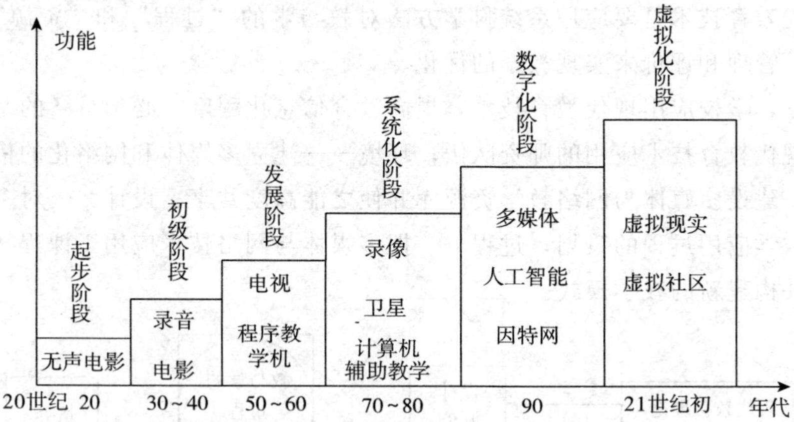

图 1－2　科学技术的进步与教育技术发展

（3）教育技术在教育和教学领域中的应用，不仅只为辅助教师的教学，更重要的是支持学生的自主学习，因此，教育技术应用中应强调发挥教师的指导作用和体现学习者的主体地位。

（4）教育技术研究和应用的目的，不仅仅是硬件环境的建设和软件的开发，更重要的是通过运用现代教育理论和现代信息技术，改善教学资源和改革教学过程模式，以高效地培养高质量的人才，因此需要强调优化教学，培养具有创新精神和实践能力的高素质人才。

综合上述观点，在美国教育传播与技术协会 1994 年定义的基础上，结合我国的实际情况，可把现代教育技术的基本思想表述为：现代教育技术就是运用现代教育理论和现代信息技术，通过对教与学的过程和资源的设计、开发、利用、管理和评价，以实现教学优化的理论和实践。

三、现代教育技术的研究对象和范畴

现代教育技术的研究对象和范畴，如图 1－3 所示。在这里还要强调以下几点。

（1）现代教育技术的应用必须以先进的教育思想和教学理论为指导，树立应用教育技术推进素质教育，重点培养创新精神和实践能力的教育思想，重视运用现代认知理论和人本主义理论指导教与学的过程和资源的设计、开发和应用。

（2）现代教育技术是以现代信息技术为基础，其中在学校是以多媒体与网络技术为核心，要充分利用和发挥多媒体与网络技术的优势，建立以多媒体和网络技术为基础的信息化环境和数字化的教学资源。

(3) 现代教育技术是以教与学的过程和资源为研究对象，并以优化教与学的过程和资源为目标，因此，教育技术既要重视优化“教”，更要重视优化“学”；既要重视“资源”，更要重视“过程”的研究和开发。通过优化教与学的资源，建设信息化的教学环境，开发信息化教学软件，探索并构建信息化环境下新型的教学模式。

(4) 现代教育技术是要应用系统科学方法对教与学的“过程”和“资源”进行设计、开发、应用、管理和评价来实现教学的优化。

由此可见，学校应用现代教育技术，提高教育信息化程度，必须具备的基本要素：教师——掌握现代教育技术应用的师资队伍；环境——建立多媒体和网络化的信息化教学环境；资源——建设多媒体与网络教学资源库并使之能高度共享；设计——对多媒体与网络教学资源和教学应用过程的策划；过程——把多媒体与网络技术应用于课程教学过程，通过实践探索并构建新的教学模式。

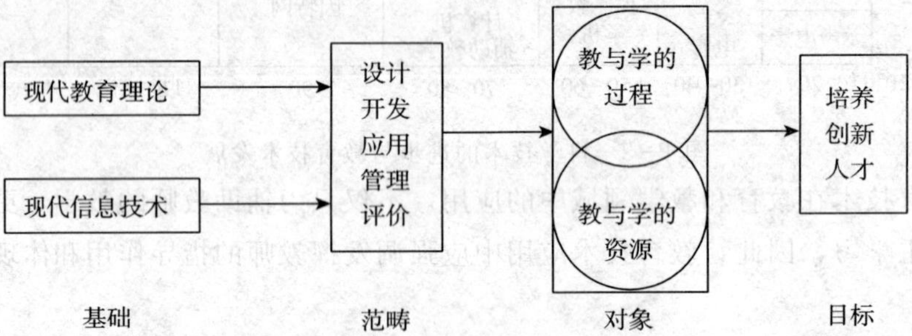

图 1-3　现代教育技术的研究对象和范畴

第二节　现代教育技术的理论基础

现代教育技术是一门综合性的应用学科。教育技术涉及许多学科，这些学科的理论相互交叉、相互渗透，使得教育技术的理论基础也是多方面的。对教育技术发展影响较大的主要理论有以下一些。(1) 视听教学理论。它指出了各种视听教学媒体在教学中的地位与作用。(2) 学习理论。它是阐明人们的行为变化如何产生和揭示学习依据什么机制而形成的理论，是教育心理学的基本理论。(3) 传播理论。它是全面研究人类进行信息传送、交换、加工的科学。它建立起来的传播过程与模式的理论，传者、受者与传播媒体的理论，对教育过程具有普遍的指导意义。用它解释教育过程，产生了教育传播学。(4) 系统科学理论。包括系统论、控制论和信息论。它作为一门综合性的横向科学，具有浓厚的方法论特性，提供了适合于现代科学研究与管理的新方法。

一、视听教学理论

视听教学理论的代表人物是美国教育家戴尔（E. Dale），他提出了以“经验之塔”为核心的视听教学理论。

（一）“经验之塔”理论

戴尔认为，人们学习时，由直接到间接、由具体到抽象获得知识比较容易。他用一个学习经验的三角形宝塔图来表示不同学习方式的学习效果，人们常称之为“经验之塔”，如图 1－4 所示。“经验之塔”分为三大类十个层次。

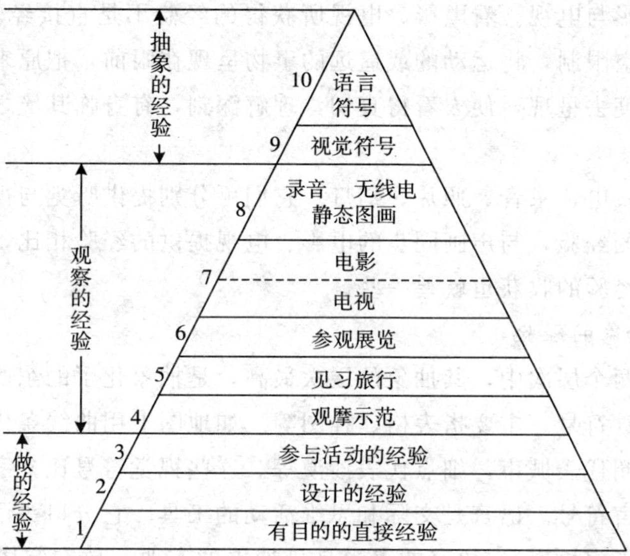

图 1－4 戴尔的“经验之塔”

1. 第一类是做的经验

它位于塔基的三个层次中，都含有亲自的“活动”，所以说获得的是直接做的经验。包括：

第一层次是有目的的直接经验。是指从看见的、听到的、尝到的、摸到的具体事物获得的知识，是教育的基础。

第二层次是设计的经验。指通过模型、标本等间接学习材料获得的经验。模型、标本等是通过人工设计、仿造出来的事物，多与原来的事物大小和复杂程度有所不同，但形象类似。在教学中应用，比真实事物易于领会，因而有相当的价值。

第三层次是参与活动的经验。指通过演戏、表演等，尽量逼近真实和参与重现的经验。这虽然不是原来面目，却具有典型性。人生有许多事情或知识不能靠直接经验体会到(例如历史事件)，但可以通过参与演戏、表演等活动，尽量做到接近真实，即能使人获得接近于直接经验的有关经验。而参与演戏或表演的活动者与观看戏剧或表演的人体会也不一样，前者比后者获得的经验、知识要深刻得多。

2. 第二类是观察的经验

它位于塔中的五个层次中，均含有“观察”的成分，故称为“观察的经验”，依次排列时越往上抽象的程度越高。包括：

第四层次是观摩示范。它是先看别人怎样做之后，自己再动手模仿去做，在教学上用得很广泛。

第五层次是见习旅行。它是指到一定的地方去看真实事物和情景，从而进行学习，增长知识。

第六层次是参观展览。展览布置的东西都具有一定的典型性，参观展览看到的事物要比自然界的真实事物更突出更集中，但其真实性差一些，不一定具有普遍性。

第七层次是电影与电视。看电影、电视所获得的经验不是直接经验，而是间接经验。电影、电视不受时空限制，将运动的或遥远的事物呈现在眼前，把原来变化太快或太慢的现象，用适当的速度去呈现，使人看得真切，理解深刻，有身临其境之感，因而能取得较好的学习效果。

第八层次是无线电、录音、照片、幻灯。它们可分别提供听觉与视觉经验。有人称它们是“一种感觉”的经验，与声画同步的电影、电视提供的经验相比，真实性差一些，抽象程度较高，学习经验的收获也就差一些。

3. *第三类是抽象的经验*

它位于塔顶的两个层次中，其抽象的层次最高，是抽象化了的东西。包括：

第九层次是视觉符号。主要指表格、挂图等。如地图上用曲线条代表河流，黑白相间线条代表铁路，圆圈代表城市，细点代表沙漠等。这些视觉符号比文字语言要直观些。

第十层次是语言符号。语言是交际和思维活动的工具。它分口头语言、书面语言（文字）和内部语言（无声语言）。语言的表示是最抽象的东西，放在宝塔的顶层。在这一层里已把具体事物抽象成为与它所代表的事物或观念不相同的东西。如口头语言符号的声音，书面语言符号的文字，内部语言符号的无声活动，可代表某种事物、观念、概念、原理、公式等，都为人们所公认，是抽象化了的东西。

（二）“经验之塔”理论的基本观点

戴尔把“经验之塔”理论的要点概括为以下六个方面。

（1）宝塔最底层的经验最具体，越往上升，则越趋抽象。但不是说，求取任何经验，都必须经过从底层到顶层的阶梯；也不是说，下一层的经验比上一层的经验更有用。划分阶层，只是为了有利于说明各种经验的具体或抽象的程度。

（2）教育教学应从具体经验入手，逐步进到抽象。有效的学习之路，应该充满具体经验。教育教学最大的失败，在于使学生记住许多普通法则和概念时，没有具体经验作它们的支柱。

（3）教育教学不能止于具体经验，而要向抽象和普遍发展，要形成概念。概念可以供作推理之用，是最经济的思维工具，它把人们探求知识的过程大为简单化、经济化。

（4）在学校中，应用各种教学媒体，可以使得学习更为具体，从而造成更好的抽象。

（5）位于宝塔中层的视听媒体，较语言、视觉符号更能为学生提供较具体和易于理解的经验，并能冲破时空的限制，弥补其他直接经验方式之不足。

（6）应该不应该过分看重直接经验？需要不需要在直接经验上花很多功夫？陷身在具体经验中，其危险和埋头于抽象的云雾中是一样的吗？戴尔说，危险固然存在，但不会那样大。如果教学太过于具体化，那就是没有得到更普遍的充分的了解；但在今日，这种危险只是理论的，因为人们还没有开始做到教学的应有具体程度。

“经验之塔”理论所阐述的经验抽象程度的关系，是符合由具体到抽象，由感性到理性，由个别到一般的认识规律的，它不仅是视听教育的心理学基础，也是现代教育技术的重要理论基础之一。

二、学习的理论

学习理论是阐述关于人类如何学习的理论，包括学习是怎样产生的，经历怎样的过程，有哪些规律，如何才能进行有效的学习等问题。

现代教育技术研究学习理论的目的是让人们凭借有关理论的基本观点，用某种方式和信息化学习环境联系起来，探讨如何增进学习者利用自身的能力与信息化环境的特点相结合进行有效的学习，改进学习方法，提高自身素质，从而提高教育和教学的质量。

在探索学习现象的本质和学习活动规律的过程中，由于学者的观点、视野和研究方法各不相同，因而形成了学习理论的许多流派。

（一）行为主义学习理论

行为主义学习理论所说的“行为”指的是心理学和社会学领域的人类行为，并强调可观察的行为。行为主义学习理论强调知识技能的学习靠条件反射，靠外在强化，学习就是形成刺激和反应的联结和联想。行为主义学习理论的代表有华生（John B. Watson）、桑代克（E. L. Thorndike）、斯金纳（B. F. Skinner）等。

行为主义学习理论的基本观点是把学习看作刺激—反应之间联结的加强。就一般而言，他们都把环境看作刺激，把伴而随之的有机体行为看作反应。因而，他们关注的是环境在个体学习中的重要性。学习者学到些什么，是受环境控制的，而不是由个体决定的。因此，几乎所有的行为主义学习理论都强调邻近和强化在学习中的价值。出于不同的视角，有的人关注刺激与刺激的邻近，有的注重反应与强化的邻近，还有的则强调刺激—反应联结之间的邻近。至于强化，那更是绝大多数行为主义者所信奉的宝物。他们中的许多人认为，可以根据一个人的强化史来分析任何行为。

斯金纳是行为主义学派中最有影响的心理学家之一，他的操作条件反射理论对教育实践起了非常巨大的作用。斯金纳认为，一切行为都是由反射构成的，任何刺激—反应单元都应看作反射。斯金纳将有机体的行为分为两类：应答性行为和操作性行为。应答性行为是由已知的刺激引起的，操作性行为是由人自身发出的。无条件反应是一种应答行为，因为他们是由无条件刺激引起的。应答行为包括所有的反射在内，如用针刺激一下手，手马上就会缩回来；当遇到强光时，瞳孔马上就会收缩，等等。而操作性行为由于一开始不是与已知的刺激相联系，因而是自发的行为，如唱歌、开车、打电话及上网等，人类的大多数行为都是操作性行为。这两种行为具有不同的条件作用形成机制，即巴甫洛夫的经典式条件反射和操作性条件反射。操作性条件反射是不同于经典条件反射的另一种基本的学习机制。

斯金纳在操作条件反射理论中提出了强化原则，并认为立即强化优于延缓强化，部分强化优于连续强化。强化原则是斯金纳学习理论中最重要的部分，斯金纳运用操作强化原则设计和制造了一种教学机器，进行程序教学，为后来的计算机辅助教学奠定了理论基础。

行为主义学习理论的逻辑延伸，就是要形成塑造或矫正行为的方法。在教育方面，教师的职责就是要创设一种环境，尽可能在最大程度上强化学生的合适的行为。对此，斯金纳的程序教学模式提供了一个典型的案例。

斯金纳程序教学的基本方法是：向学习者呈现一个小单元的信息（称为框面）作为刺激，学习者通过填空或回答的方式作出反应，然后由反馈系统对该反应作出评价。反应错误就告诉学习者错误的原因；反应正确就得到强化，学习者就可以进入第二个框面的学习。刺激—反应—强化的过程不断反复，直到学习者完成一个程序的学习。斯金纳的学习理论推动了程序教学运动的发展，使行为科学和教育技术的结合进入一个更为密切的阶段。在程序教学活动中出现的一些观点，如重视教学机器的作用，重视学习理论的基础与指导作用等，对教育技术的理论发展产生了重要影响。除此之外，程序教学的思想在个别化教学、计算机辅助教学（CAI）等教学形式中也发挥了重要的作用。但斯金纳否定教师的主导作用，忽视了学习过程中人的主观能动性的发挥，因此他的理论尚存在不足之处。

（二）认知主义学习理论

认知学习理论指出，学习的实质并非是一连串的刺激与反应。而是要在头脑中形成认知地图，即形成认知结构的结果。认知结构在学习过程中用来同化新知识的某些观点，因此教师在进行教学设计时应尽量使学习者联系以往已经掌握的科学知识，逐步由已知引申到未知，并充分阐明二者之间的联系与区别，以帮助学习者更好地学习新知识。

认知主义学习理论强调认知结构和内部心理表象，即学习的内部因素，这与行为主义学习理论只关注学习者的外显行为、无视其内部心理过程有很大不同。二者曾经展开过激烈的论争，最后认知主义学习理论占了上风，并逐渐取代行为主义学习理论，在教育教学实践中发挥指导作用。对现代教育技术而言，认知主义的学习理论告诉我们不能仅仅停留在对学习内容和所提供的材料的研究上，还必须研究在应用现代教育技术过程中，学生的学习发生了哪些变化。要针对学生的心理，通过多种教学媒体充分调动学生这个学习主体的积极性，使他们能积极、主动地进行思维活动。

认知主义学习理论，强调学习并非是盲目的，而是有意识的，是通过主体的主观作用来实现的。问题的解决由顿悟来实现，学到的东西能很好地保持，并能迁移，而试误在创造性思维中只有干扰作用。认知主义学习理论偏重知觉与经验完形性的研究，用综合的方法，注重全体的特性，认为个人是个有组织的整体，而不是各部分的简单总和。同时主张一个知觉和一种经验，应当作为一种整体现象来研究，应该从全体情境着想，只有如此，才能得到正确的理解。

认知主义学习理论的代表人物有惠特海默（M. Wetheimer）、苛勒（W. Kohler）和考夫卡（K. Koffka）、托尔曼（E. C. Tolman）、布鲁纳（J. S. Bruner）、皮亚杰（J. Piaget）、奥苏伯尔（D. P. Ansubel）及加涅（R. M. Gagne）等。其中，影响较大的布鲁纳的认知结构学习理论、皮亚杰的发生认识论和加涅的信息加工认知学习理论。

1. *布鲁纳的认知结构学习理论*

美国心理学家布鲁纳在20世纪60年代提出了“认知发现说”。他认为，人的认知活动是按照一定阶段的顺序形成和发展的心理结构来进行的，这种心理结构就是认知结构。学习者通过把新的信息和以前结构的心理框架联系起来，建构自己的知识。同时，他还认为，应该培养学生具有探索新情境，提出假设，推测关系，应用自己的能力解决新问题，发现新事物的态度。因此，他提倡发现学习，主张教学应创造条件，让学生通过参与探究活动而发现基本原理或规则。除此之外，布鲁纳还提出了“知识结构论”、“学科结构论”。他认为要让学习者学习学科知识的基本结构，并按学习者不同发展阶段的特点进行学习。

布鲁纳的这些思想对于指导和改进教学有重要意义，但他的理论也存在着明显的不足。布鲁纳认知结构学习论过于强调学科的基本结构，这种学习对自然科学可能是有效的，但却不太适合于人文学科的学习；他所提倡的发现学习的确具有接受学习不可比拟的优点，但发现法的运用也受许多因素（如学生已有的知识经验等）的限制，因此过于强调发现是有失偏颇的。

2. *加涅的信息加工认知学习理论*

加涅被称为行为主义和认知主义的折中主义者，是信息加工认知学习理论的重要人物。

信息加工学习理论把人的认知用计算机进行功能模拟，用信息加工的观点看待人的认知过程，认为人的认知过程是一个主动地寻找信息、接受信息，并在一定的信息结构中进行加工的过程。受此观点的影响，有越来越多的人接受了计算机模拟的思想，把学习过程作为一个信息加工的过程，并用计算机模拟来分析人的内部心理状态和过程。信息加工学习理论的观点多种多样，其中加涅的信息加工学习理论有较大的影响。加涅提出了学习过程的基本模式，如图1-5所示。

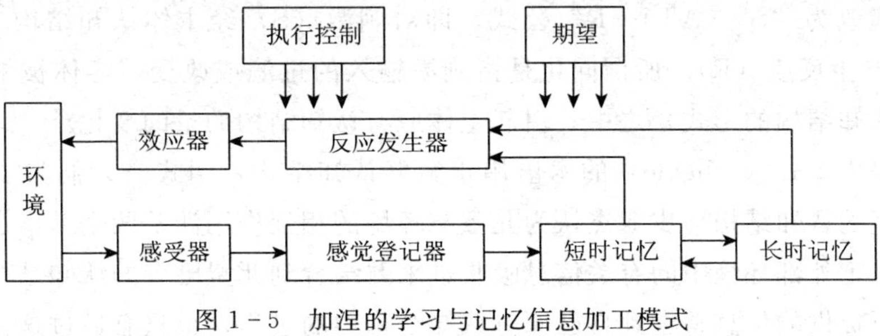

图1-5　加涅的学习与记忆信息加工模式

这一模式表明，来自外界环境的刺激通过学生的感受器，以映象的形式输入到感觉登记器，进行瞬时记忆；如果受到注意则进入短时记忆，以语义的形式储存。经过复述、精细加工及组织编码等，则进入长时记忆。长时记忆中的信息也能回到短时记忆中，并到达反应器。反应发生器将信息转化成行动，也就是激起效应器的活动，作用于环境。在这个模式中，执行控制和期望是两个重要的结构。执行控制即加涅所讲的认知策略，执行控制过程决定哪些信息从感觉登记进入短时记忆，如何进行编码，采用何种提取策略等，是已有经验对当前学习过程的影响，起调节作用；期望是指学生期望达到的目标，即学习动机，是动机系统对学习的影响，起定向作用。

加涅博采众家之长提出的信息加工认知学习理论，其最大的优点是注意应用，即把学习理论研究的结果应用于教学实践，加涅将其思想应用于教学设计，推动了教育技术的发展。但加涅的理论作为一种综合的理论，缺乏独创性和严密的逻辑性，也缺乏必要的实践证明，许多概念还处于经验思辨水平。

（三）建构主义学习理论

建构主义学习理论的代表人物有皮亚杰、维特罗克（M. C. Wittrock）、维果茨基等。

建构主义是认知主义的进一步发展，建构主义学习理论的基本思想是：学习是学习者主动建构内部心理结构的过程，它不仅包括结构性的知识，也包括大量的非结构性的经验背景。强调学生在学习过程中主动建构知识的意义，并力图在更接近、更符合实际情况的情境性学习活动中，以个人原有的经验、心理结构和信念为基础来建构新知识，赋予新知识以个人理解的意义。

皮亚杰对儿童智力发展进行了长期的研究，力图说明个体认识发生、发展的动态结构和规律。他坚持从内因和外因相互作用的观点来研究儿童的认知发展。他认为，儿童是在与周围环境相互作用的过程中，逐步建构起关于外部世界的知识，从而使自身认知结构得到发展。认识是一种主体在转变客体过程中形成的结构性动作和活动，认识活动的目的在于取得主体对自然和社会环境的适应，从而达到主体与环境之间的平衡。也就是说，认识起因于主、客体间的相互作用，主体通过动作对客体的适应推动了认识的发展。他强调主体认知结构和主体动作的作用，强调认识主体的能动作用，强调认识是认知结构不断建构的过程。他提出，行为主义把刺激和反应只看作一种单向关系，主体只是被动地接受外部作用的影响而忽视了主体本身的能动性。因此，皮亚杰将行为主义的“S（刺激）—R（反应）”公式改为“S—(AT)—R”公式。即对刺激（S）经主体认知结构（T）的同化（A）之后才产生反应（R）。所谓同化是指刺激输入的过滤或改变，客体被纳入到主体已有的图式（认知结构的形式）之中，引起主体原有认知结构的量的变化。

皮亚杰提出图式（scheme）的术语用于解释认知结构，图式是人们为了应付某一特定情境而产生的认知结构。皮亚杰认为儿童与环境的相互作用涉及两个基本过程：同化与顺应。同化是把外部环境中的有关信息吸收进来并结合到儿童已有的认知结构中，即个体把外界刺激所提供的信息整合到自己原有认知结构中的过程，也只有通过这一过程，主体才能对新刺激作出反应。顺应是指外部环境发生变化，而原有认知结构无法同化新环境提供的信息时所引起的儿童认知结构发生重组与改造的过程，即个体的认知结构因外部刺激的影响而发生改变的过程。由此可见，同化是认知结构数量的扩充（图式扩充），而顺应则是认知结构性质的改变（图式改变）。人最初的图式来源于先天的遗传，为了适应周围的世界，个体逐渐地丰富和完善自己的认知结构，形成了一系列的图式。认知个体（儿童）就是通过同化与顺应这两种形式来达到与周围环境的平衡。当认知个体能用现有图式去同化新信息时，他是处于一种平衡的认知状态；当现有图式不能同化新信息时，平衡即被破坏，而修改或创造新图式（即顺应）的过程就是寻找新的平衡的过程。个体的认知结构就是通过同化与顺应过程逐步建构起来，并在平衡—不平衡—新的平衡的循环中得到不断的丰富、提高和发展。这就是皮亚杰关于建构主义的基本观点。

建构主义学习理论的另一个代表人物是美国心理学家维特罗克，他总结了近二十年来认知心理学家在人类认知和发展、能力、学习与教学等方面的经验，特别是信息加工心理学的有关研究，提出了人类学习的生成模式，对建构模式作出了说明。他认为学习的生成过程是学生已有的知识经验（即原有认知结构）与从环境中主动选择和注意的信息相互作用，主动建构信息的意义的过程。这一模式说明，学习总是要涉及学生原有的知识经验，并利用这些经验来理解和建构新的知识。与一般的信息加工模式相比，他更加注重理解在学习中的作用。他认为生成学习的最终目标就是达到意义的理解。此外，维特罗克的“生成学习”是一个动态的、发展的过程，自始至终反映了学习过程中学习者与环境的多向性交互作用，学习者是有意识的、主动的。模式的中心因素是长时记忆储存系统，它对学习发挥着基础作用，长时记忆的内容也就是以前的知识经验和知觉，它也影响着学习的过程。

维果茨基着重探讨了社会历史对人的心理发展的影响，特别是人类社会特有的语言和人际交往对高级心理发展的影响；斯腾伯格和卡茨等人则强调了个体的主动性在建构认知结构过程中的重要作用，并对认知过程中如何发挥个体的主动性作了较深的探索。这些研究成果从不同的方面丰富和发展了建构主义的理论，从而为建构主义实际应用于教学过程创造了条件。

建构主义学习理论提倡的学习方法是教师指导下的、以学生为中心的学习。学生是知识意义的主动建构者；教师是教学过程的组织者、帮助者、指导者和促进者；教材所提供的知识不再是教师讲授的内容，而是学生主动建构意义的对象；媒体也不再是帮助教师传授知识的手段、方法，而是用来创设情境，进行协作式学习和会话交流，即作为学生主动学习、协作式探索的认知的工具。在皮亚杰的上述理论的基础上，科尔伯格在认知结构的性质与认知结构的发展条件等方面作了进一步的研究。

1. 建构主义对学习的基本解释

（1）学习是学习者主动地建构内部心理表征的过程，它不仅包括结构性知识，而且包括大量的非结构性的经验背景。

维特罗克提出的学生学习的生成过程模式较好地说明了建构内部心理表征的过程。他认为学习的生成过程是：学习者原有的认知结构，即已经储存在长时记忆中的事件和脑的信息加工，与从环境中接受的感觉信息（新知识）相互作用，主动选择信息和注意信息，以及主动地建构信息的意义。这个过程的进行，不是先从感觉经验本身开始的，它是从对该感觉经验的选择性注意开始的。

维特罗克认为完成学习的生成过程有赖于两个前提条件：第一，人们生成（即建构）对所知觉事物的意义，总是与他以前的经验相结合，即理解总是涉及学习者的认知过程及其认知结构；第二，人脑并不是被动地学习和记录输入的信息，它总是建构对输入信息的解释，主动地选择一些信息，忽视一些信息，并从中得出推论。

（2）学习过程同时包含两方面的建构：第一，对新知识的理解是通过运用已有经验，超越所提供的信息而建构成的；第二，从记忆系统中所提取的信息本身，也要按具体情况进行建构，而不单是提取。建构即是对新知识意义的建构，同时又包含对原有经验的改造和重组。由建构而来的对知识的理解是丰富的、有着经验背景的，这种知识在未来新的情境下能够更多地发挥其灵活运用的指导价值。

（3）学习者以自己的方式建构对于事物的理解，从而不同人看到的是事物的不同方面，不存在唯一标准的理解。然而，学习者据此展开的合作学习可以使理解更加丰富和全面。

由于学习者总是以个人独有的方式建构事物意义，因而对新知识的学习而言，学习者之间的相互合作正好能弥补知识理解的不足，从而使知识理解更加丰富、全面、深刻。

2. 关于建构的几种途径

建构学习理论中学习者如何以自己的理解方式建构新知识意义的途径，有以下几种。

（1）支架式建构。支架式建构即指当建构新材料 A 时，先有同性质的材料 B 的知识，将有助于 A 的学习。

（2）抛锚式建构。抛锚式建构即指当建构新材料 A 时，先呈现一组概念，从而有助于 A 的学习。

（3）导引式建构。导引式建构即指为了建构新材料 A，可以选用一种材料 B 的学习来引入 A 的学习，使材料 A 的意义在材料 B 的基础上更易于理解。

3. 建构主义学习理论在教育上的应用价值

（1）建构主义学习理论关于学习过程的生成模式的解释，有助于中小学学科教育尤其是在理科教学中，教师把握并利用学生正规学习前的非正规学习和科学概念学习前的日常概念，来理解与建构新知识或信息，从而更好地保证理科教学所要达到的预期结果。

（2）建构主义学习理论为改变教学脱离实际情况而主张的情境性教学，对深化教学改革有积极的意义。

（3）建构主义学习理论所提倡的学生的合作学习，有助于竞争条件下学风的改善。

三、教育传播理论

传播是自然界和人类社会普遍存在的信息传递过程。传播理论是探讨信息传播活动的共同规律。从某种意义上说，教育也是一种信息传播活动，它是按照确定的教学目标，通过教学媒体将相应的教学内容传递给教学对象的过程。广播、电视、计算机和网络系统等传播媒体的运用，对教育领域的开拓和教学范围的扩大起了很大的作用。现代教育技术的研究和应用，实际上要分析教学内容，选择设计媒体，评价教学效果，其实质是要研究传播信息、传播媒体和传播效果等，这些都是以教育传播理论为基础的。

（一）教育传播现象

传播，就是个人或团体，主要通过符号向其他个人或团体传递信息、观念、态度和情感；传播，是一个系统（信源）通过操纵可选择的符号去影响另一个系统（信宿），这些符号通过连接它们的信道而得到传递。传播现象是自然界和人类社会的一种普遍现象。在人类社会中，传播是人际间信息传递与交换的行为，包括政治、思想、经济、军事、文化、教育、娱乐和体育等各种信息的传递与交换。

教育传播是人类社会的一种传播现象，是按预定的教育目的，向确定的教育对象，传递知识、技能、思想意识等信息内容的一种传播现象。教育传播现象在古代社会早已存在，但随着社会的进步和科学技术的发达，现代的教育传播过程和传统的教育过程相比较，具有新的特点，这表现在以下几方面。

1. 传递信息手段的先进性

传递教育信息的手段，不再局限于书本、粉笔、黑板和挂图，而是广泛地使用电子媒体，包括幻灯、投影、广播、录音、电影、录像、电视、电子计算机、网络系统和通信卫星等，使教育信息存贮、传递形式更加多样化，大大提高了信息容量和传输的效率。

2. 传播范围的开放性

现代教育传播不再局限在学校范围内进行，借助传播媒体可以超越学校的范围，把教育信息传递到社会、家庭。利用远距离教学，可以将教育信息传递到边远地区，从而打破了学校对教育的垄断地位。

3. 传播方式的多样性

现代教育传播不再是只依靠教师在课堂的讲授来传递教育信息，而是可以借助大众媒介如广播、电视和因特网传递学科知识，借助录音带、录像带、光盘（CD、VCD、CD-ROM、DVD 等）在家庭中传递教育信息，也可以通过计算机和网络系统与学习者的相互联系、相互作用传递程序化、结构化的信息。

4. 传播对象的多层性

由于现代教育媒体的发展，教育传播超越了学校的范围，使传播对象不再局限于学校的学生，而是包括社会上各阶层的成员。

（二）传播过程模型

教育传播过程是一个复杂的过程。现代教育技术的研究和应用，从总体而言，就是要研究教育信息传播过程中，教者（传播者）—媒介—学习者（接受者）三者之间相互作用的方式、现象、相互关系及其规律。在研究这一过程的方法上，往往是先把复杂的过程简化为若干组成要素，根据其特征，用一些图形、符号把这些要素的作用、地位和相互关系抽象出来，成为一种理想化了的代表，这就是"模型"。在教育传播研究中常见的传播过程的类比模型有以下诸种。

1．拉斯威尔模型

哈罗德·拉斯威尔提出了一个用文字形式表述的线性传播过程模型：

who，says what，in which channel，to whom，with what effects。

这段话的意义是：谁，说了些什么，通过哪一种通道，对谁说，产生了什么效果。这就是所谓"五 W"的传播模型，这一模型可以图 1-6 所示的框图表示。

图 1-6　拉斯威尔传播模型

拉斯威尔传播模型揭示了以传播理论为基础的现代教育技术研究和应用分析的五个方面的领域：

（1）控制分析，即对传播者（谁）的研究，研究传播者（包括个人和社会组织）对传播过程的控制作用的分析；

（2）内容分析，即对信息内容的研究，研究传播过程中说什么和怎么说的问题；

（3）媒体分析，即对通道的研究，研究各种媒介的性能、特点、选择、传送方式等问题；

（4）受众分析，即对传播对象的研究，研究传播对象的兴趣、需要、接收行为及影响的因素；

（5）效果分析，即对受播者在接收信息后所产生的意见、态度、思想与行为的变化的研究。

我们可以把这五项研究内容与传播模型进行对照，如图 1-7 所示。

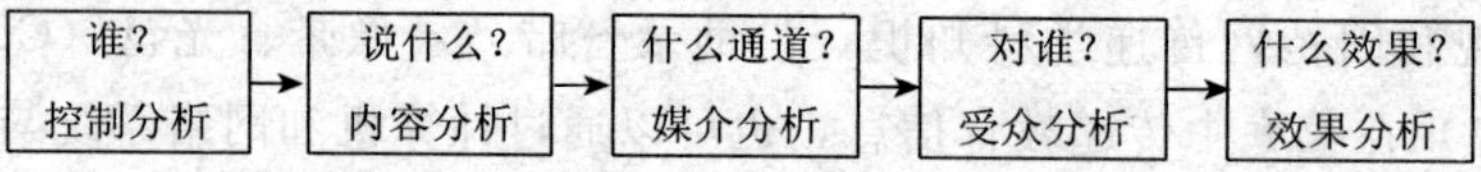

图 1-7　拉斯威尔模型与传播研究领域

拉斯威尔传播模型在现代教育技术的研究和应用分析中得到广泛应用，但这个模型过于简单，而且忽略了两个重要因素，即忽略了传播的动机和信息的反馈因素。尽管如此，由拉斯威尔模型而引伸出来的五个研究领域，完全适合于我们通过对教育传播过程分析来研究探索现代教育技术的规律，具有重要意义。

2. 申农-韦弗模型

申农-韦弗模型原是用于研究电报通信过程的，起初是单向直线式模型，后来，他们在原来基础上，加入了反馈因素，并引申其含义，用来解释人类的传播过程。图 1-8 显示了申农-韦弗模型包括七个组成部分。

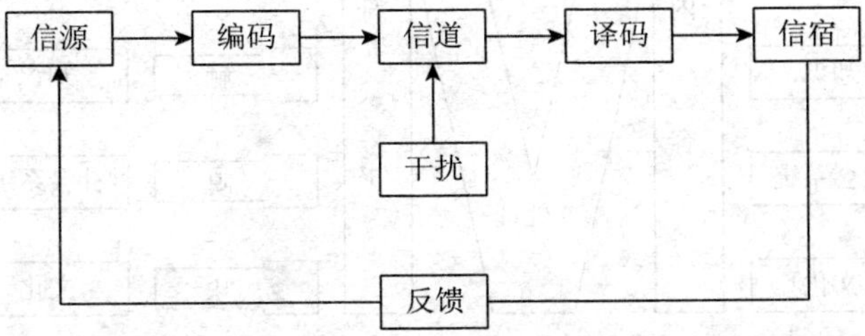

图 1-8　申农-韦弗模型

(1) 信源。即传播者，可以是个人或社会组织。传播者从许多不确定的信息中，经过把关的作用，按某种目的选择具有确定意义的信息（即讯息或消息），并准备将其传送出去。

(2) 编码。就是把具有确定意义的讯息转换成不同类型的符号和信号。

(3) 信道。即把符号或信号依附、存贮在物质性的载体（即媒介）上，进行传送的通道或途径。

(4) 译码。把信号还原为符号并解析其意义。

(5) 信宿。接受讯息的受播者。

(6) 反馈。受播者在接受讯息后产生心理上、生理上和行为上的反应，这些反应反过来影响到传播者，使传播者调节控制传播过程。

(7) 干扰。指来自系统之外，影响到传播过程的各个环节。

3. 贝罗模型

贝罗模型的特点是把传播过程分解为四个基本部分：信息源、信息、通道和接受者，同时，模型着重显示每一个基本部分是由若干因素所构成的。

贝罗模型也叫 SMCR 模式，S 代表信息源 source，M 代表信息 message，C 代表通道 channel，R 代表接受者 receiver。贝罗模式明确而形象地说明了影响信息源、接受者和信息实现其传播功能的条件，说明信息传播可以通过不同的方式和渠道，而最终效果不是由传播过程中某一部分决定的，而是由组成传播过程的信息源、信息、通道和接受者四部分以及它们之间的关系共同决定的，传播过程中每一组成部分又受其自身因素的制约。

贝罗模式现在常被用来解释教育传播过程，它说明了在教育传播过程中，影响和决定教学信息传递效率和效果的因素是多方面的、复杂的，各因素之间是既相互联系又相互制约的。为了提高教育传播的效果，必须研究和考察各方面的因素。

贝罗模型通常用图 1-9 的形式表示。贝罗模型给教育传播研究提供了一些结构性因素的考虑，对研究变量的设计和决定具有一定的指导意义。

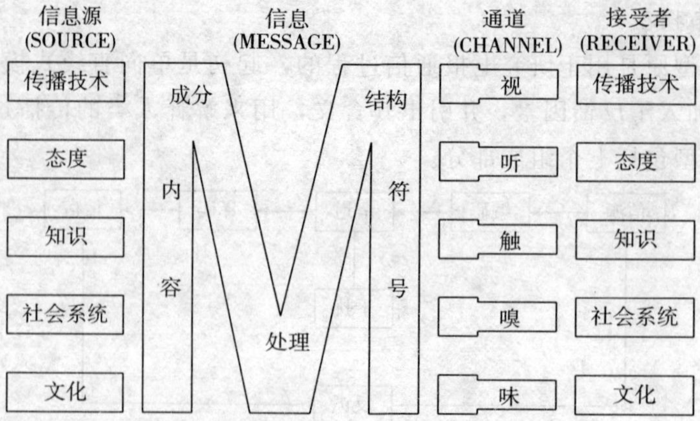

图 1-9 贝罗的传播模型

（三）教育传播中的信息和媒体

教育传播的研究对象不同于大众传播或人际传播的研究对象，虽然它们三者的传播原理、一般过程是相同的，但是教育传播是研究特定的教育信息的传播，传播者是指特定的教育者或与教育相联系的社会组织，如教育部门、学校、培训中心、各级电化教育馆、教育技术中心等；而受播者也是指特定的具有学习目的各类学习者。

信息是指传播的内容和事实，包括消息、资料、知识、数据等。教育传播中的信息，指的是根据教学目标的要求，学生必须掌握的教学内容。教育传播研究的是教育信息的传播与特点。

1. 教育信息是反映作为教育内容的客观事物的变化和特征的符号

客观事物的变化、运动，都会呈现出种种不同的特征，当它作为学生学习的内容时，则要通过各种传播符号表达出来，以便学生接受、加工、传递和存储。这种既表达事物特征，又作为学习内容的符号，就是教育信息表现的形式和工具，也就是教育信息的基本特征，是教育传播研究的重要内容之一。

2. 教育信息要通过特定的媒体来传递

教育信息只有通过各种途径，进行各种方式的传递，才能被受教育者所感知、所接受；而教育信息的传递与物质载体，即与教育传播媒体是不可分割的。教育信息的内容与信息传播的载体（媒体）构成了一个整体。任何教育信息都必须依附于一定的物质载体，并由物质载体来进行传递、加工、储存，没有物质载体（媒体）的教育信息实际上并不能成为真正的教育信息。教育传播研究就是要着重研究，选择什么样的载体，采用什么样的技术手段进行信息的传递、加工和储存，将会产生怎样的作用和效果。作为教育信息传播媒体的物质载体是多种多样的。

（1）人的大脑

人的大脑作为教育信息的物质载体，不仅能负载着通过人的感官所接受的各种教育信息，而且还能加工各种教育信息，是一种具有特殊功能的物质载体。

(2) 可录载体

这是指可以直接记录信息的物质载体，如书本的纸张、投影胶片、录音磁带、录像磁带、电影胶片、计算机磁盘、激光视盘等。这些物质载体不仅可以进行信息的空间传递，而且还可以进行信息的时间传递。

(3) 无形波动载体

如声波、光波、电磁波，这都是可以作为教育信息的物质载体，使附着的教育信息进行传递。但这是一种无形的载体，最后要转化到纸张、磁带、胶片等有形的载体上。

(4) 计算机

它是一种智能化媒体，既是教育信息的物质载体，也是教育信息的贮存器，在教育信息收集、加工和传递的处理中发挥越来越大的作用。

3. 信息的反馈是教育信息的重要特征之一

教育是人的一种有意识的自觉行动，人对于教育信息的反应行为，总是不断地产生反应信息，这些反应信息就构成反馈信息。在“教育者—媒介—学习者”这一整体中，信息的反馈是伴随着整个教育过程而连续发生的一种过程。因此，信息的反馈是教育信息的重要特征之一，也是教育传播研究的重要内容。

4. 教育信息服务于特定的需要

教育信息不同于一般的自然信息，它总离不开人们特定的目的、时间、地点、对象的需要。如果没有特定的需要，教育传播就失去了意义。

教育传播研究就是要根据教育信息的这些特点，运用科学的方法，去研究、分析教育信息的符号、传递媒介（载体）、反馈、特定的需要以及所达到的效果。

教育传播研究也不等同于一般的教育研究。教育传播研究着重对现代教育传播媒介与教师、学生关系的研究，对现代教育传播媒介所传递的信息内容、信息结构以及它对教师、学生所产生的影响、效果的研究。虽然在研究过程中，有些一般的研究方法是与普通教育研究方法相似的，但是教育传播研究有它自己特有的一些专门研究方法，如信息内容分析法、响应信息分析法、媒介综合模糊评判法等。

四、系统科学方法论

现代教育技术在发展过程中受到了来自科学方法、方法论发展的影响，突出地体现在系统科学的思想、观念对教育技术学研究与实践的影响。系统科学理论既是现代自然科学、社会科学及思维科学发展综合的结果，又是现代科学研究共同的一般方法论，是探讨一切科学领域的普遍性的科学方法。

教学过程是一个由教学目标、教师、学生、媒体等构成的相互作用的运动过程，是一个多因素、多层次、多功能的复杂系统。教育技术研究是以系统方法来进行设计、开发、应用、管理和评价。所谓系统方法，就是按照事物本身的系统性，把对象放在系统的形式中加以考察的一种科学方法。即从系统的观点出发，着重从整体与部分（要素）之间，整体与外部环境的相互联系、相互作用的关系中，精确地考察对象，以求得整体获得最佳功能的科学方法。

（一）系统的基本概念

要正确运用系统方法进行教学设计，必须了解有关系统理论中系统与要素、结构与功能、系统环境、封闭系统与开放系统、动态系统与静态系统等基本概念。

1. 系统与要素

系统是指由相互联系、相互作用的诸要素组成的具有特定功能的有机整体。在自然界和人类社会中，普遍存在着事物与其他事物间的相互作用，因此所有的事物都可以联系构成系统。人们在认识客观事物或改造客观事物的过程中，就应该根据事物内在的、本质的、必然的联系，从整体的角度，把事物看作一个系统去进行研究。但不论研究怎样的现实问题，要构成一个系统，必须具备三个条件：要有两个以上的要素；要素之间要相互联系，相互作用；要素之间的联系与作用必须产生整体功能。比如，一个教学系统，至少要有教与学两个要素，教与学两个要素之间的联系与作用形成教学活动，这个系统的功能就是培养人才。

要素就是构成系统的组成部分。在研究事物时，通常就要把该事物分解为若干个相互联系的部分。这些相互联系的、反映事物本质的各个组成部分就是该事物的要素。运用系统思想与方法去解决实际问题时，首先就要决定要素的取舍，即找出哪些是对系统性质、功能、发展、变化有决定影响的部分作为系统的要素加以研究，而次要的因素则可以忽略。

系统与要素是对立的统一体，它们是整体与部分的关系，互相依存。没有系统，也就无所谓要素；反之，没有要素，也就无所谓系统。

系统与要素的区分又是相对的，在一定条件下可以相互转化。每一个系统对于更大一级的系统是一个要素，而这个系统的每一个要素又各自构成一个系统，因此要素有时又称为子系统。子系统具有两重性，它除了子系统自身的地位与属性外，还同时具有要素的地位与属性。例如，教与学是教学系统的两个基本要素，但教与学分别又可作为两个子系统，每个子系统又各自由不同的要素所构成。“教”这一子系统又包括教师、学科内容、媒体、方法等要素，而“学”这一子系统则可包括学习态度、学习行为及认知程度等要素。

2. 结构和功能

结构是指系统诸要素相互联系、相互作用的方式或秩序，亦即诸要素在时空连续区上相对稳定的排列组合方式。比如，用三根同样的木条，只是由于排列组合的方式不同，可以做成 A、H、Δ 三种形式，即可形成三种不同的结构。

功能是指系统与环境相互作用中所呈现的能力，也就是系统把所接受的作用（输入）转换成输出的方式与能力。系统的功能是系统中各要素相互作用产生的效能的总体，是系统本身所具有的能力。

系统的结构与功能是相互依存的，一定的结构总是表现出一定的功能，一定的功能总是由一定的结构系统产生的。系统的结构决定系统的功能，结构变化了，就必然导致功能的变化。“教”这一子系统，由教师、学科内容、媒体与教学方法等要素构成，而这些要素之间不同的联系方式，就形成不同的教学过程结构，不同的教学过程结构将具有不同的教学功能，产生不同的教学效果。教学设计的重要内容之一，就是要根据教学目标，即预期的效果，设计不同的教学过程结构，即设计教师、内容、媒体、方法等要素之间的不同的联系方式，从而达到优化的效果。

3. 系统环境

环境是指存在于系统外的，且与系统发生作用的事物的总称，亦即为系统提供输入或接受它的输出的场所。在研究系统时，首先要区分哪些是系统的内部要素，哪些是系统的外部环境因素，把系统与环境分开的假想线叫做边界。边界是事物质的规定性在人们头脑中的反映，用以区分系统与环境的本质的区别的界限。但系统的边界不是固定不变的，哪些因素划归系统，哪些不划归系统，要依具体情况而定。

4. 封闭系统和开放系统

一个系统如果与环境有输入—输出关系，即与外界环境有物质、能量、信息交换的系统，就称为开放系统。一个系统与外界环境没有联系，即与外界环境无物质、能量或信息的交换，则属于封闭系统。

如果把学习者看作一个系统，学习者的学习过程，实际上是环境对这个系统（学习者）进行作用（输入），而系统（学习者）对环境作用作出反应，对环境作出反作用（输出）的过程。因此，学习过程是一个开放系统。

5. 动态系统与静态系统

这是指系统的状态与时间的关系。如果系统的状态是随时间的变化而变化的，则称为动态系统。而系统的状态不随时间而变化的，则称之为静态系统。绝对的静态系统是不存在的，只是有些系统的状态随时间的变化不明显，在一定的时间范围内，近似地把它看作静态系统。学生的学习过程，明显地是属于动态系统。

（二）系统方法的基本构成

系统方法是结构方法、功能方法和历史方法的辩证统一。

1. 结构方法

结构方法就是一种向内的研究方法，它基于系统的内部描述，着重研究产生系统功能所依赖的结构。

2. 功能方法

功能方法就是一种向外的研究方法，它基于系统的外部描述，它把系统当作“黑箱”，通过研究系统与环境的相互作用去研究系统的功能。

3. 历史方法

历史方法就是从系统的历时性及系统的进化规律出发，研究系统随时间变化，即系统的产生、发展、老化和消亡过程。

（三）系统方法的特点

1. 整体性

整体性就是把对象看作一个由各个要素构成的有机整体，从整体与部分（要素）相互依赖、相互结合、相互制约的关系中揭示系统的特征和运动规律。教学系统是由教学信息、教学人员、教学媒体、教学方法、教学环境等部分组成的。教学设计是把教学系统看作一个整体，通过确定教学目标，分析学习内容，选择、设计和利用电教媒体等步骤，使教学效果达到最优化。

2. 综合性

综合性有两重含义：一方面，系统方法认为任何整体（系统）都是以这些或那些要素为特定目的而组成的综合体；另一方面，系统方法要求对任一对象的研究，都必须从它的成分、结构功能、相互联系方式、历史发展等方面综合地、系统地考察。因此，在教学设计过程中，一切工作都必须围绕着最优化的目标。

3. 最优化

最优化是运用系统方法能达到的目标，这一点是任何传统方法所不能做到的。最优化就是要从多种可能的方案中，选择出最好的系统方案，使系统具有最优的整体功能。它可以根据需要和可能为系统定量地确定出最优目标，分成不同等级、层次、结构，在动态中协调整体与部分的关系，使部分的功能和目标服从系统总体的最优化目标。教学设计正是利用了这种原理，从众多的方案中选择最佳方案，使教学效果达到最优化。

（四）系统科学的基本理论

系统科学主张把事物、对象看作一个系统进行整体的研究，研究它的要素、结构和功能的相互联系，通过信息的传递和反馈实现系统之间的联系来达到有目的地控制系统的发展，获得最优化的效果。系统科学的思想观点和方法对教育技术学学科的形成和发展有着广泛和深远的影响，成为现代教育技术最重要的理论基础。

1. 控制论

控制论的创立者与奠基人是美国数学家维纳（N. Wiener），他在 1948 年发表的《控制论》一书中首次使用了“控制论”一词。控制论是关于控制系统的一般规律和控制过程的科学，它的研究对象是控制系统。这类系统的特点是要根据周围环境的某些变化来决定和调整自己的运动，系统与环境之间，以及系统内部的通信信息的传递是实现系统目的的基础。控制论是一门以提示不同系统共同的控制规律为理论目的的、具有普遍意义的理论，它着重从事物量的方面去发现各种控制系统的共同规律，并把反馈方法作为提高系统的稳定性，达到优化控制目的的有效方法。控制论的观点对我们实现教学过程最优化及构建优化的教育教学系统有着重要的理论价值。

控制论在教育领域中的应用所形成的理论被称为教育控制论。教育控制论是以提高教学效率和教学质量为控制目标，以信息流为主要传输形式的系统。它是研究教育系统中运用信息反馈来控制和调节系统的行为，从而达到既定教学目标的理论。传递教学信息的出发点和归宿在于教学效果的最优化，而“信息反馈”是实现教学效果最优化的关键。通过反馈，可对系统进行有效的调节，以使教学设计能有的放矢，不断完善，更加适合学生的实际情况。

2．信息论

信息论是美国数学家香农（Claude Shannon）创立的，他于1948年发表了《通讯的数学理论》。此书为信息论奠定了基础。信息论简要地说是关于各种系统中信息的计量、传递、变换、储存和使用的规律的科学。香农与维纳同时从不同的研究对象中推导出关于传输最大信息量的公式，称为香农-维纳公式：

$$S=Bt\log 2(1+P/N)$$

这里 S 为信息量，单位为比特；B 为传递信号的频带宽度；t 为传递信号的时间；P 为传递信号的平均功率；N 为噪声的平均功率。香农-维纳关于信息量计算的公式，对教育信息的定量测试，特别是对现代教育技术的信息传递的增值率计算提供了重要的依据。

信息普遍存在于自然、社会和人类思维之中，是一切系统保持一定结构，实现其功能的基础，它的作用是减少和消除人们对事物认识的不确定性。信息论认为，系统正是通过获取、传递、加工与处理信息而实现其有目的的运动的。

信息论在教育领域中的应用所形成的理论被称为教育信息论。教育信息论是研究教学过程中教学信息如何传递、变换和反馈的理论。现代教育技术采用信息论的基本观点和方法，结合各种工具对教学信息进行分析与处理，对教学系统中信息传播的特点与规律进行分析。可以说，信息论为解决这些问题提供了很好的思路与方法。

3．系统论

系统论是美籍奥地利生物学家贝塔朗菲（L. V. Bertalanffy）创立的一门逻辑和数学领域的科学，他于1947年发表的《一般系统论》为系统论奠定了基础。所谓系统指的是由相互联系、相互制约的若干组成部分结合在一起并已具有特定功能的有机整体。系统论是从系统的角度去研究事物的发展、运动规律的一门科学。系统论认为，自然界是一个巨大的系统，人类思维也是一个复杂的系统，世界上一切事物、现象和过程几乎都是有机整体，且又都自成系统、互为系统；每个系统都是在与环境发生物质、能量、信息的交换中变化发展，并保持动态稳定的开放系统；系统内部与系统之间保持一种有序的状态。

系统论是现代教育技术的基础，教育系统论把教育视为一个系统，组成系统的要素是教师、学生、媒体等。系统论促使我们以整体的观点、综合的观点来考察教育教学过程与现象，运用系统的方法来解决教育教学问题。也就是从系统的观点出发，坚持在整体与部分之间，系统与外部环境之间的相互联系、相互作用、相互制约等关系中考察、研究系统，以求得对问题的最优化处理。

第三节　现代教育技术与教育改革

一、现代教育技术是当代教育改革的制高点

现代教育技术是当代教育改革的制高点。谁抢占了这个制高点，谁就在新世纪中处于有利的位置。何谓制高点？站立其中，可以纵观全貌，控制大局。现代教育技术之所以成为教育改革的制高点，是因为它是教育深化改革的突破口。抢占了这个制高点，可以带动教育领域各个方面的发展，包括教育思想、教育观念的更新，对教学内容、教材形式、教学手段和方法，以及教学模式、教育体制和教学理论都将产生深刻的变化。制高点乃兵家必争之地。现代教育技术是当代教育改革的制高点，意味着现代教育技术是教育改革的必争之地。因此，每一位教育部门的领导、学科教师、教育技术专业工作者，都应具有勇立潮头、敢当尖兵的气概，都要意识到自己作为抢占现代教育制高点的尖兵、先锋队所担负的时代责任。攻占教育改革的制高点也要注意运用策略和方法，要加强学习。每个教师除了要掌握专业知识，还要认真学习先进的教育思想、教育理论和信息技术，尤其是要真正理解素质教育的思想，真正理解现代教育技术的内涵，以一种积极的态度应用现代教育技术，充分发挥现代教育技术的优势，探索并构建新型的教育教学模式。因此，学校应用现代教育技术的具体目标是：使现代教育技术成为教师进行教学改革的有力手段；应用现代教育技术培养学生成为主动性强、具有探究精神和创新意识的学习者；应用现代教育技术培养学生具有广阔的世界观，让学生有机会利用网络认识世界，利用网上资源探索并获得宽广的知识基础，并通过网络加强学校跟外界的联系；利用现代教育技术培养学生具有有效、迅速地处理信息的能力；利用现代教育技术培养学生具有终身学习的态度和能力；利用现代教育技术在教育系统中建立卓越的行政及管理体系；通过现代教育技术的应用，把学校变成充满活力和创意的学习场所。

二、现代教育技术应用引起学习方式的变革

以多媒体与网络技术为核心的现代教育技术在教育中的应用，将引起人类学习的重大变革，主要表现在以下几方面。

（一）学习资源的变化

学习资源载体多样化，教学信息显示方式多媒体化，学习内容的组织结构以非线性方式链接，形成超媒体结构，学习信息的传输网络化并实现资源高度共享，使教学过程智能化。

（二）学习方式的变化

学生学习感知对象具有多样性和生动性，学习过程具有交互性，学生知识的建构具有个性化等特点。

（三）学习空间的转变

把相对狭小的教育空间变为全社会、开放性的教育空间，在这个空间里，全球教学资源可以高度共享，信息的传递不受时空限制，异地之间的师生可以进行信息交流、讨论、咨询，学校与家长可以保持密切联系。

（四）教学过程要素关系的转变

教学过程的要素包括教师、学生、教材（内容）和媒体四个基本要素，应用多媒体与网络技术，可以实现教学过程要素关系的转变。

1. 教师角色的转变

教师由讲解者转变为学生学习的指导者和活动组织者。

2. 学生地位的转变

学生从被动接受的地位转变为主动参与、发现、探究和知识建构的主体地位。应用现代教育技术，可以把课堂以教师为中心的传授式的教学过程，变为以学生为主体，在教师的指导下进行探索性学习的过程。通过对网络的“访问”和“表达”，本身就是一个发现问题、思考问题、积极探求解决问题的学习过程，这一过程需要学生具有创造意识、平等意识、参与意识和探索精神。

3. 学习内容的转变

教学过程不仅仅传授课本知识，还要重视能力的训练和情操的培养，尤其要重视学习能力和学习方法的培养。

4. 媒体作用的转变

由教师讲解的演示工具转变为学生学习的认知工具。

5. 教学进程结构的转变

教学进程结构由逻辑型讲解式进程向探究、发现、意义建构等以学生为主体的过程转变。

三、应用现代教育技术改革教育教学模式

应用现代教育技术改革教育教学模式，要充分发挥以多媒体与网络技术为核心的现代教育技术的优势，把它作为学生的认知工具，通过学生的参与，培养学生的创造精神，提高学生的创造能力。现代教育技术的优势，主要表现在资源多样性、资源共享性、资源开放性、内容生动性，学习过程的互动性、运行独立性等。我们要充分发挥这些优势，把多媒体与网络技术作为认知工具，激发学生创新意识，培养创造思维能力，形成敏锐观察、积极求异、丰富联想、综合融化、知识建构等良好的思维习惯，训练学生的应用实践能力（信息获取、处理、分析、表达和交流能力），培养学生利用多媒体与网络技术工具创作作品。其主要途径有以下一些。

（1）应用现代教育技术，创设问题情境，设置问题、指导观察、引导思考，提高学生的求异、洞察能力。

（2）应用现代教育技术，建立友好的交互学习环境，激发学生主动参与的意识，培养发现问题、探究问题的能力。

（3）应用现代教育技术，建立联想式的超文本信息组织结构，为学习者提供多种多样的自主学习资源，培养学生联想思维，扩展和深化知识。

（4）应用现代教育技术，建立动态仿真实验环境，或者通过学生交互操作，利用参数处理技术，进行模拟实验，通过输入不同的参数，观察不同的实验结果，进行分析比较，培养科学探究的能力。让学生通过输入数据，观察现象，分析探索，总结规律。

（5）应用现代教育技术中局域网络技术，实现资源共享，组织协商讨论和合作学习，开展专题研究，探索发现规律。

（6）应用现代教育技术，通过因特网技术，搜索网上资源，可以扩大学生的视野，培养通信交流的能力，从而提高学生交流与语言表达的能力，利用信息，探索问题。

（7）应用现代教育技术，利用信息处理工具、平台，创造特色作品。例如利用几何画板工具、作图工具、作曲工具、资料集成工具、网页制作工具等创作作品。

思考题

1. 现代教育技术的研究对象和内容是什么？应用现代教育技术的基本条件是什么？

2. 戴尔“经验之塔”理论的内容和基本观点有哪些？

3. 行为主义学习理论与认知主义学习理论的代表人物和主要观点有哪些？

4. 建构主义学习理论的基本思想是什么？它是如何解释学习过程的？

5. 请描述几种不同的教育传播模型，并说明它们各自的特点。

6. 现代教育技术在教育改革中的主要作用有哪些？

第二章　现代教学媒体与数字化学习环境

现代教学媒体有各自的特长，也有各自的适用性和局限性。因此，必须研究现代教学媒体的基本性质、功能和特性，根据教与学的需要去选择、设计、开发、评价、管理和综合运用现代教学媒体与现代教育技术系统环境、数字化的学习环境、学习资源和学习方式，以达到最优的教学效果。

第一节　现代教学媒体的基本性质

一、媒体与教学媒体

媒体（media）是传播信息的载体及传递信息的工具。沙滩上作画、工具示范、手抄本的传阅，可以说是最早的用于教学的媒体。在印刷术发明之后，出现了书籍和报刊，形成了庞大的教学媒体。但是，随着信息社会的迅猛发展，印刷媒体有印刷周期长、出版时间慢、传递速率低、管理储存难、接受效率低等问题，越来越满足不了现代教育发展的需要。而由传统的印刷媒体发展而成的多种形式的非印刷媒体——现代教学媒体，在传递教育教学信息过程中发挥着越来越重要的作用。

现代教学媒体是指直接介入教学活动过程，用来传递和再现教育信息的现代化设备（硬件）以及记录、储存信息的载体（软件），如幻灯机和幻灯片、投影仪和投影片、录音机和录音带、电影机和电影片、录像机和录像带、计算机与网络课件等。这些软、硬件按一定的功能组成各种各样的交互教学系统，如多功能教室、语音实验室、多媒体网络教室、广播电视和现代远程教学系统等现代教育媒体应用系统。

二、现代教学媒体的类型

（一）按现代教学媒体的功能分类

1. 视听型媒体

视听型媒体就是对实物、语言经过选择加工复写而成，能显示形和声的媒体，一般用于教学演示。视听型媒体具有如下的特点。

（1）以图像和声音传递的信息，直接刺激视觉和听觉器官，形成感性知识。

(2) 它提供一种模像直观，即对实物经过选择、改造、控制，突出表现事物的主要、局部属性，有利于诱导观察。

(3) 以形、声传递信息，传递信息量较大，传输速度快。视听型媒体是目前现代教育媒体的主要形态，可分为：听觉型媒体，如广播、录音；视觉型媒体，如投影、幻灯；视听型媒体，如电影、电视。

2. 交互型媒体

它是通过以计算机为基础的专用机器来显示、传递和接受反应信息的一类媒体，如程序学习机、多媒体计算机、学习信息反应仪等。交互型媒体的出现，引起了教学方式的变革。这类媒体的教学特点有以下两点。

(1) 有利于因材施教，学生可以按照自己的学习水平或习惯，选择适合自己的学习方法和路径。

(2) 对学生的学习反应能及时作出判断和反馈，有利于提高学生学习的积极性与主动性。

(二) 按现代教学媒体的物理性质分类

现代教学媒体按物理性质可分为表 2－1 所示的媒体。

表 2－1　现代教学媒体的物理分类

类　别		作用感官	媒　体		组合系统
			设备	软件	
模拟型媒体	光学投影媒体	视觉型	幻灯机	幻灯片	普通教室
			光学投影仪	投影片	
	模拟电子音像媒体	听觉型	录音机	录音带	语言实验室
		视听型	电视机	电视节目	教育电视节目制作系统 闭路教育电视系统 微格教学系统
			摄像机	录像片	
			录像机	录像片	
数字化媒体	数字化音像媒体	听觉型	CD	CD 唱片	多媒体综合教室
		视觉型	数码相机	磁盘	
			多媒体投影机	磁盘	
		视听型	VCD	VCD 光盘	
			DVD	DVD 光盘	
			LD	LD 光盘	
	多媒体计算机与网络	视听觉交互作用型	MPC 系统	磁盘 CD-ROM 硬盘阵列	多媒体综合教室 计算机网络教室系统 校园网络系统

三、教学媒体的基本性质

1964 年，加拿大学者马歇尔·麦克卢汉（Marshall Mcluhan）在《媒介通论：人体的延伸》一书中，论证人类在进入电子时代的同时，对媒体的性质、特点、作用和分类，提出了许多新的概念，其中一个重要的观点认为：媒体是人体的延伸。例如，无线电广播、扩音系统相当于耳朵的延伸，照相机、摄像机相当于视觉的延伸，电影、电视相当于视听觉的延伸，录像机、录音机的信息存储功能和计算机的逻辑运算功能相当于人脑部分功能的延伸等。“媒体是人体的延伸”这一性质，给教育带来了多方面的影响。

1. 扩大和提高了人的感觉和思维能力

人类的感觉器官有许多局限性，以视觉器官为例，人眼的分辨能力只能看清 0.1 毫米的物体，人眼只能感受可见光波段范围，人眼感光最短反应时间只有十分之一秒等等，这些局限性限制了人的认识能力。但媒体的延伸作用，可以把事物由小扩大，把大缩小，化慢为快，化快为慢，把远变近，把动变静，把史料重现，能在无光下显现，等等，使得人的感觉与思维能力大大提高。

2. 打破了感官的平衡

媒体的延伸，可使人的感觉器官的平衡发生变动，使某一感觉器官凌驾于其他感觉器官之上。例如，电影、电视把复杂的、原来并不连贯的现实生活素材，经过剪辑、整理，变成一个有机联系的镜头组合，并“强迫”人们运用视觉器官，按顺序地接受和思考所传递的信息，这时候人们在运用感觉器官时，就不像现实生活那样立体地、复合地去认识和思考问题。又如，电影、电视中的景别和镜头的运动，相当于“强迫”人们的眼睛运动，把人们的眼睛在观察距离、方位上进行调动。

3. 使得媒体功能具有互补性

因各种媒体的延伸方向有所不同，因此媒体之间可以互相补充，但很少能够互相替代。例如，电视广播是视觉和听觉的延伸，信息传递及时、生动、感人，但它瞬时即逝，不便查考，观众选择余地不大。而报刊、杂志，虽也是视觉的延伸，却能提供详细情节以及深入研究的背景，并可供自由选择，但它缺乏生动形象。这两种“延伸”只能互为补充，亦即从电视广播中获得简洁的形象材料，再从报刊上获得细节和解释。

4. 促使媒体自身向深广度发展

媒体之间的互为促进，迫使媒体不断改变形式，使“延伸”更深更广，以求生存。例如，电视（视听觉的延伸）迫使无线电广播（听觉延伸）走向立体声化、收听工具小型化，迫使电影（另一种视听觉延伸）走向宽银幕、立体化。在电影的促进下，又使电视产生多种形式特技，并向多屏幕、多伴音的方向发展。

四、媒体的教学功能和特性

各类教学媒体运用在教学过程中，所表现的教学功能和特性是各不相同的，我们应该分析研究每种媒体的教学功能和特性，根据需要，取长补短，综合运用。

（一）表现力

各类媒体表现客观事物的时间、空间和运动特性的能力是不同的。

电视和多媒体课件都能够以活动的图像呈现正在变化中的变化过程和动向，采用接近于实物的形式，逼真地、系统地呈现出原因→过程（或状态）→结果等一连串的流程，对事物的运动形式、空间位移、相对关系及形状变换都具有很强的表现能力。

电视和多媒体课件还能够调节事物与现象所包含的时间因素。电视还具有特技处理的功能，可以借助特技中的淡变方式表现事物时间的过渡，利用画面的组接技巧表现先后顺序、出现频数及节奏快慢等时间特征，多媒体计算机更可以自如地调节动画动作的速度、方位和视频图像播放的位置、速度，进行定格观察。

电视还能够调节事物与现象的空间因素。电视具有连续摄影的功能，它可以通过镜头的调度，采用远景、全景、近景、特写等方式，也可以利用镜头的推、拉、摇、移、跟等方式，有效地从各个角度、侧面来表现事物的形状、方位、距离以及立体感等空间特性，还可以把事物加以扩大和缩小。电视还能够通过画面的组接，重新构成现实，借助现实的再造，去掉事物和现象的非本质因素，将它的本质以明白易懂的形式向学生呈现出来。但是有些时候，学生会把这种再造的现实，或把经过调节的时间历程或空间特征混同于实际的现实而造成一种错觉。

在各类媒体中，多媒体计算机拥有极强的表现力，它能够将语言文字、挂图、标本、音乐、幻灯、电影、电视等各类教材和方法，统一于自身并加以运用。

幻灯、投影一类媒体在表现事物的空间特征方面也具有类似的能力，而且能够放映出更大而清晰的图像。但在表现时间与运动特性方面就比不上电视和多媒体计算机。然而，正因为它是以静止的方式表现事物的瞬间特征，就能够让学生详细地、有分析地观察事物的细部。

无线电广播、录音是以时间因素来组织信息的，它的表现形式是受到时间先后顺序的影响，它借助于语言、音乐及实际音响的抑扬顿挫、轻重缓急来表现事物现象的特征。

（二）重现力

重现力是指媒体不受时间、空间的限制，把记录、存储的内容随时重新使用的能力。无线电及广播电视是受同时性限制的媒体，即传播者与受播者必须同时行动。但是自从出现了录音机、录像机之后，这种限制已被打破。录音机、录像机最重要的特性之一就是能即时重现。刚刚消失的声音和现象，只要被录音机或录像机记录下来，便能随录随放，多次重复，不受次数、时间、空间的限制。照片、幻灯、电影一类媒体则必须经过冲洗的程序才能重现，尤其电影片的冲洗周期更长。但一旦照片、幻灯片被冲洗出来，便能极为方便地反复重现。而且可以根据需要重新调整组织内容，以获得不同的信息。但录音、录像、电影的内容顺序是不能改变的，只能按固定的顺序方式重现。

（三）接触面

接触面是指把信息同时传递到接受者的范围，分为无限接触与有限接触两类。在各类媒体中，以无线电、广播电视和计算机网络的接触面最广，它能跨越空间的限制，到达社会和家庭之中，是属于无限接触的。电影、幻灯、投影、录像电视的接触面则是有限的，只能限制在教室范围之内，而且接触面还受到环境条件的限制。例如，电影放映必须遮黑教室，大教室里播放录像节目必须同时安放多台监视器等。

（四）参与性

参与性是指在媒体实施运动时，学生同时有参加活动的机会，它分为感情参与和行为参与两类。

电影、电视、无线电广播是运用活动与顺序的图像、声音方式组织信息的，有较强的表现力和感染力，它可以利用具体的场面和音响刺激学生，引起学生的情绪反应，引起兴趣、注意，诱发学生在感情上参与。

幻灯可以根据学生的程度和放映的目的，每次从容地加上适当的解释，也可以一边观察图像，一边进行师生之间或生生之间的讨论、提问或答疑，边讨论边学习边让学生在行为上参与媒体的活动，使学习步步深化。

投影机放映时，教师与学生能够以面对面的方式呈示资料和进行学习，教师可以一边了解学生的反应，得到反馈信息，一边进行指导；教师可以适应学生的思想过程逐步呈现资料，组织教学活动。

多媒体计算机利用图形菜单、多窗口、图标、按钮等美观形象的图形界面作为人机交互界面，人们可以使用键盘、鼠标、触摸屏、话筒、数据手套等设备与计算机进行交互。人们参与多媒体计算机的交互，可以增强对信息的注意和理解。

（五）受控性

受控性是指使用者对媒体操纵控制的难易程度。一般来说，计算机、录音机、幻灯机和录像机能较容易和方便地使用，并适合于个别化学习。电影放映则必须接受专门的训练，才能有效操作。无线电和广播电视，由于它的播出时间、播放内容及长短，使用者都是无法掌握的，更难以控制。

五、现代教学媒体设计与选择的基本原则

各种媒体的编制方法和工艺技术有所不同，但是在如何有效地记录、存储、传递和重现教育信息方面，都必须受到一些共同的基本原理的约束，主要包括最大价值律、共同经验律、重复作用原理及抽象层次原理。

（一）最大价值律

价值分析是系统工程中一个重要的优化分析方法。这里的价值是指评价事物有益程度的尺度。价值高说明有益程度高，效益大，好处多。价值低说明有益程度低，好处不大。根据价值分析原理，价值（V）的高低，是以功能（所获得的报酬）和付出的代价（费

用、努力）的比值来表示的，可用方程式表达为：

$$价值(V)=\frac{功能(报酬)}{要付出的代价}$$

代价包括制作媒体所需要的费用（设备损耗、材料费用、人员开支等），以及所付出的努力程度（难易程度、花费时间等），统称为成本。功能，是指能完成教学目标的程度，即学生通过媒体能获得多少新的知识，是否获得能力培养的效果等因素。

公式表示，付出的代价越小，而功能越大，则媒体的使用价值越高，预期的选择设计率越高。为了提高媒体的使用价值，在设计编制媒体时可以把握的规律是：功能不变，降低成本；成本不变，提高功能；降低成本，提高功能；成本略有提高，更大提高其功能；功能略为下降，但成本大幅度下降。

从价值分析的原理中可以得到启示：媒体的设计和制作，不能单纯地追求降低成本，也不要片面追求功能，而应以提高它们之间的比值为目标。例如制作幻灯片，彩色幻灯片能显示逼真的颜色，功能似乎很高，但制作成本也高。但对于某些学科，黑白已能满足需要，即其功能指数已足够了，如果能降低成本，其价值就高了。

（二）共同经验律

根据教学传播理论，教学过程是一种信息传播活动，教师和学生是同一时间进入一种共同的传播关系，大家为了一个双方都有兴趣的信息或符号进行沟通活动。但是要使双方能互相沟通思想，则必须把沟通建立在双方共同经验范围内，通常是以图 2-1 所示的模式来表达。

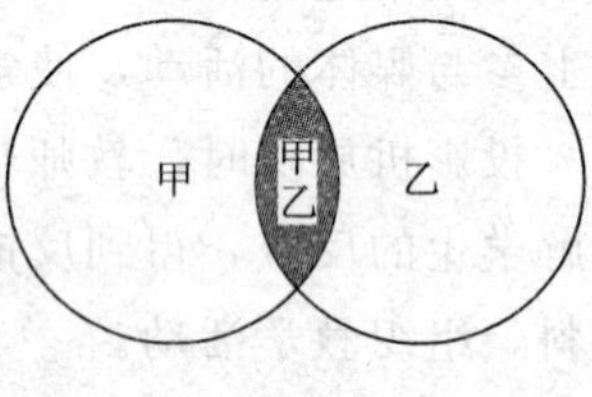

图 2-1　共同经验律模式

在这两个圆圈内各代表甲与乙的生活经验，其重叠的地方就是他们可以互相沟通的地方。因此，视听媒体的设计就是要以提供这种情境，展示共同的经验为目的。教师在实施这种媒体运动时，必须充分运用这一共同经验。

这里共同经验包含两层意思，一是教育者和受教育者在学习环境中互相作用的共同经验；二是受教育者彼此之间，通过媒体来获得的共同经验，即一种经验为多数人所共有。这样不仅可使教育者与受教育者之间能有效地进行思想交流，也有助于小组集体学习，班级共同学习。例如，在小学语文教学中，《桂林山水》这篇文章是描述甲天下的桂林山水，词句优美，结构严谨。要使学生仅从字面上来理解课文内容并不难，但是许多小学生从未到过桂林、漓江，没有感性认识。为此，教师可以设计制作几张桂林山水的幻灯片，让师生之间建立共同经验，使学生彷佛加入旅游者行列，饱览桂林风光，就更能理解“舟行碧波上，水在画中游”的感情和文章的含义了。

（三）抽象层次原理

根据戴尔理论，媒体就其传递信息具体性和抽象性可分为不同等级，媒体选择的抽象层次原理，就是指媒体所提供的具体和抽象程度必须根据学生的水平（年龄、发育状况）而增减，而每一个层次都包含一部分具体成分和另一部分抽象成分，具体成分作为思考线素，以此为基础来思考抽象部分。这两种成分的比例依学生水平而有所改变，也就是应依学生水平而选择不同的媒体。即使是同一类媒体，如放映机和影片，其影片内容亦应按学生年龄不同，抽象层次有所不同，但总应包含有半具体半抽象的成分。这种抽象层次结构，如图 2-2 所示。根据不同的抽象层次，媒体中所运用的数序符码、形状符码、模拟符码的比例与组合方式应有所区别。

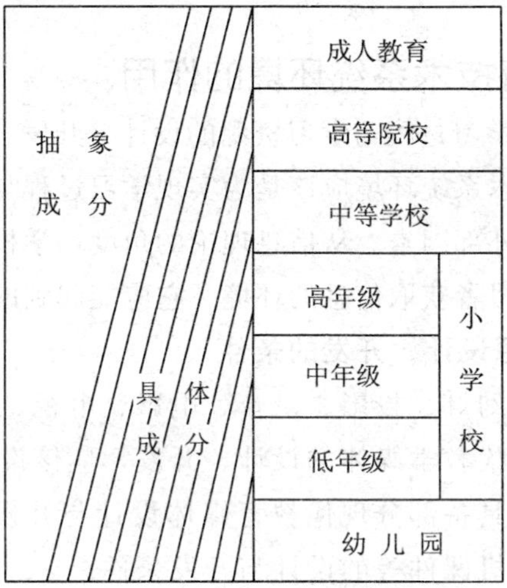

图 2-2 抽象层次示意图

第二节 现代教育技术系统环境

一、学习环境的含义

环境（environment）一词的通常含义是“直接或间接影响个体的形成和发展的全部外在因素”①。现代教育技术系统环境可理解为，在信息技术条件下，直接或间接影响学生自学和教师导学的全部外在因素。现代教育技术强调以教师为主导，学生为主体，所以，要使学习者能保证高效率、高质量地学习，学校提供各种良好的信息化学习环境就显得尤为重要。威尔逊（G. H. Wilson，1996）在《建构主义学习环境——教学设计的案例研究》一书中将学习环境归纳为三种类型：以 PC 为基础的学习环境、以教室为主的学习环境和以网络为基础的开放、虚拟的学习环境。这是目前较有代表性的关于学习环境类型划分的理论。②

学习环境可以理解为学习者学习发生的地点和空间及为学习者的学习活动提供的各种支持条件。在学校教育中主要包括校园、教室、图书馆、实验室等设施和设备条件及含教

① 顾明远主编：《教育大辞典》增订合编本（上），上海教育出版社 1998 年版，第 604 页。
② 李力著：《现代远程教育论》，南方日报出版社 2001 年版，第 93 页。

师、管理者在内的各种支持服务，是完成教育教学任务，提高教育教学质量，实现教育教学目标的重要因素，广义上也包含社会和家庭所提供的学习条件。学习环境也可以抽象地理解为学习者在追求学习目标和问题解决的活动中可以使用多样的工具和信息资源，并相互合作和支持的场所。因此，现代教育技术应用条件下学习环境的内涵比传统教育学习环境的内涵，无论在深度和广度上都深刻得多。

二、学校现代教育技术系统环境的作用

根据“教育技术是关于学习过程与学习资源的设计、开发、利用、管理和评价的理论与实践”的定义，现代教育技术系统环境应该是为实现学习过程与学习资源的设计、开发、利用、管理和评价提供支持的外部因素。从信息理论的角度，学校现代教育技术系统环境应该是一种充满信息而且方便学习者获取信息的环境。它应能起到的作用有以下几方面。

（一）提供现代学习资源设计、开发的条件

现代学习资源主要是指幻灯、投影、录音、电影、电视、计算机等现代教学媒体，包括硬件和软件。至于这些现代教学媒体的设计、开发，应该设立专门的研究与生产部门去进行，但是，有些学校应该具备部分现代教育媒体设计与开发的条件，如幻灯投影教材、录音教材、录像教材、计算机课件等的设计与开发条件。

（二）提供现代学习资源利用的条件

学校应为多种多样的现代教学媒体运用于教学活动提供条件，这是学校现代教育技术环境建设的重点，它的建设范围渗透到校园教学环境的各个方面。如在校园环境中，有校园的信息网络系统，达到信息资源的共享与利用；在教室环境中有多种媒体组合的课堂教学环境，在图书馆环境中有视听阅览室；在实验室、实践基地环境中，充分利用现代媒体技术强化教学活动的功能；在社会与家庭环境中，通过建立信息网络，控制与利用各类信息去提高教学活动的质量与水平；等等。

（三）提供现代学习过程设计、开发与利用的条件

现代学习过程是指在现代教育思想与理论指导下，运用现代教育媒体去开展的学习进程结构，从另一角度被称为新型的教学模式。现代教育技术环境要为创建现代学习过程或新型的教学模式创造条件。

（四）提供学习过程和学习资源的现代管理与评估条件

包括应用现代科学理论与技术成果，建立学校教学信息管理系统。如教育电视监控系统、计算机教学管理系统、校长办公室教学管理系统、学习资源检索与管理系统，以及教学信息的反馈分析系统和学生考试评分系统等。

学校现代教育技术系统环境不仅是学校教学环境的一个部分，而且是在教育现代化进程中需要加速建设的部分。因此，它的建设必须与一般的教学环境建设密切结合为有机的整体，才能充分发挥其在教学活动中的功能与作用。另一方面，学校现代教育技术系统环境在学校中是一个独立的环境体系，但它必须依赖全国性和地区性现代教育技术环境，与

它密切联系、相互补充，才能发挥更大的功能与作用。

三、学校现代教育技术系统环境建设的功能要求

教育部于1997年启动了1 000所现代教育技术实验学校项目，其中对实验学校的现代教育技术环境建设提出要求，即在项目实施过程中，要结合实际，积极建设好现代教学环境，并从发挥最大效益出发，建立不同功能的现代化教学环境，使这些教学环境有利于开展多种媒体组合教学，有利于教师对教学过程的调控，有利于学生的积极参与和学习主体作用的充分发挥，有利于开展个别化学习，有利于多种学习资源的利用和资源的共享等。

（1）有利于开展多种媒体组合教学。如多媒体综合教室，将传统的黑板（白板）和多种现代媒体如幻灯、投影、录音、录像、影碟、多媒体计算机等组合成一个有机系统，大大方便了教师开展多媒体组合教学。

（2）有利于教师对教学过程的调控。这意味着在教学中教师能方便地动手去操作各种媒体，又能方便地取得学生的学习信息去调控整个教学进程。

（3）有利于学生的积极参与和学习主体作用的充分发挥。即要使学生能利用多种感官，主动去获取信息，加工信息，形成自身的知识结构与能力。

（4）有利于开展个别化学习。这意味着提供学习资源的数量要多，传输技术要先进，方便学生根据自身需求进行有效的个别化学习。

（5）有利于多种学习资源的利用和资源的共享。这意味着要建立学校的学习资源中心和信息传输网络，达到资源的共享和充分利用。

学校建设的现代教育技术系统环境，不一定每个都同时具备上述五个有利因素，但起码要满足两个有利因素。在建设中必须结合实际，讲求效益。结合实际，是指现代教育技术系统环境建设必须根据教学的实际需要和经费投入能力的实际。我国地域广阔，经济发展差异很大，各地的教育经费投入也受多种因素制约，因此，环境建设必须考虑自身的经济能力，从实际出发去建设合适的项目。讲求效益，是指现代教育技术环境必须得到充分利用，用出效果，不能建了只作摆设，提供参观，应付评比。同样，教学功能的环境应采用最节省经费的方案，提高功能价格的比值。

四、学校现代教育技术系统环境建设重点项目

由于中国地域广阔，各个地方的经济与教育发展差别也很大，因此各学校在现代教育技术系统环境建设方面应按实际需要和可投入的资金，去选定一些现代教育技术系统环境进行重点建设。

（一）多媒体综合电教室

多媒体综合电教室配置有多种现代教学媒体，能够满足多媒体组合教学的要求。多种媒体设备连接成公用的图像和声音系统，还能清晰地显示计算机传输的文字与图像，并且有较高质量的音响效果。多种媒体由一控制平台控制并组装在讲台内，便于管理

和操作。

这类教室环境可供各门课程公共教学使用，也可以根据学科的特点，增添一些具有学科特色的设备与媒体，建成学科性的多媒体综合电教室。

（二）多媒体语言实验室

多媒体语言实验室是一种学科性的多媒体综合电教室，能满足语言类课程的多媒体组合教学。它是在一般的语言实验室基础上，增加了图像和声音等多媒体呈现功能。

（三）多媒体网络教室

早期的计算机辅助教室，只是将几十台计算机放置于一个教室内，仅提供学生学习计算机的基本知识和环境，资源不能充分发挥作用。随着教育技术的发展，已逐渐把计算机室建成有利于多媒体计算机辅助各门学科教学，以及学生利用多媒体计算机进行个别化学习的教学环境。具体方法是将原来的学生用计算机升级为多媒体计算机，或购置新的多媒体计算机，并将室内所有学生用计算机与教师操作的工作平台连成教学网络。通过网络系统能将图像、文字、动画以及声音等多媒体信息传输到学生终端机，辅助教师课堂教学；学生能根据需要提取个别化学习的资源，满足资源共享与个别化学习的要求；通过网络系统还能满足小组学习讨论的需要；一些先进的网络系统还具有教学测试及信息反馈、分析能力。

（四）现代教学媒体资源中心和视听阅览室

该环境集中储存有丰富的现代教学媒体（主要是软件），同时还设有可供学习者进行视听阅览的场所与设施。利用与管理方式可以有以下三种。

1. 开架式

学习者在该中心内可自由索取媒体进行阅览，外借时才登记借出。

2. 集中式

媒体集中于管理控制室，学习者可通过室内的网络系统，提出需要的项目，由控制中心传输所需的媒体信息给学习者视听阅览。

3. 开放式

资源中心可以和校园网、因特网互连，这样更能发挥资源的共享和有效利用。

（五）校园多媒体教学网络系统

校园内所有计算机全部连成网络，建立强大的教学资源库，教师与学生在任何终端机都能索取资源信息进行教学与管理工作。该系统也可以与校际网和因特网相联接，形成庞大的信息网络。

（六）校园闭路教育电视系统

1. 单向播放式

由控制室选定一批电视节目信号源，通过网络送到教室或其他教学场所的终端电视机。节目源可以是卫星或广播电视接收来的，也可以是录像节目源，或者是现场转播的电视信号。该方式播放节目的控制权仅在控制室。

2. 双向控制式

终端用户可选择与控制播送的节目源，便于教师或学生调控。

3. 监控式

在每一教室或重要教学场所，装配有二至三个摄像头，在总控制室或校长室能看到教学活动现场的情况，有利于观摩教学和教学管理。

（七）学校现代教学媒体开发中心

现代教学媒体开发与生产的大部分工作应由研究与生产部门去解决，但在学校中学科教师根据教学需要，非常有必要编制一些有特色的软件与教材，特别是在当前软件教材非常缺乏的时期，以及对一些开展教学试验的学科，编制部分甚至系列软件教材是当务之急。因此，有条件与有任务的学校应建设各种现代视听教材和多媒体课件编制中心。

第三节　数字化学习环境

信息时代的学习与以多媒体和网络技术为核心的信息技术的发展密切相关。信息技术应用到教育教学过程后，引起了学习环境、学习资源、学习方式向数字化方向的发展，形成了数字化的学习环境、数字化的学习资源和数字化的学习方式。现代教育技术必须适应这个发展趋势，高度重视数字化教学环境的建设和利用。

一、数字化学习环境的组成

葛洛蒂指出，信息时代是一个数字化的世界。它有四根支柱，一是自然界的一切信息都可以通过数字表示，二是计算机只是用数字 1 和 0 来处理所有数据，三是计算机处理信息是通过对 1 和 0 的数字处理来实现的，四是通过跨空间运送 1 和 0 来把信息传送到全世界。① 社会正在发生巨大变革，从原子到比特的飞跃已是势不可挡。

美国教育技术首席执行总裁论坛（The CEO Forum on Educational Technology，简称 ET-CEO 论坛）在 2000 年 6 月召开的以“数字化学习的力量：整合数字化内容”为主题的第三次年会中，将这种数字技术与课程教学内容整合的方式称为数字化学习，提出了数字化学习的观念，就是指学习者在数字化的学习环境中，利用数字化学习资源，以数字化方式进行学习的过程；并着重阐述了为达到将数字技术整合于课程中，建立培养适应 21 世纪需要的数字化学习环境、资源和方法，是 21 世纪学校、教师、学生和家长必须采取的行动。

数字化学习环境是指能对学习信息进行数字化处理、传输、显示的硬件设施和相关软件构成的系统。

信息技术的核心是计算机、通信以及两者结合的产物——网络。这三者是一切信息技

① 张国治编著：《数字化世界》，电子工业出版社 1999 年版，第 4～9 页。

术系统结构的基础。现代教育技术应用环境的基础是多媒体计算机和网络化环境，这种学习环境，经过数字化信息的处理具有信息显示多媒体化、信息传输网络化、信息处理智能化和教学环境虚拟化等特征。数字化学习环境的基本组成部分如图 2-3 所示。

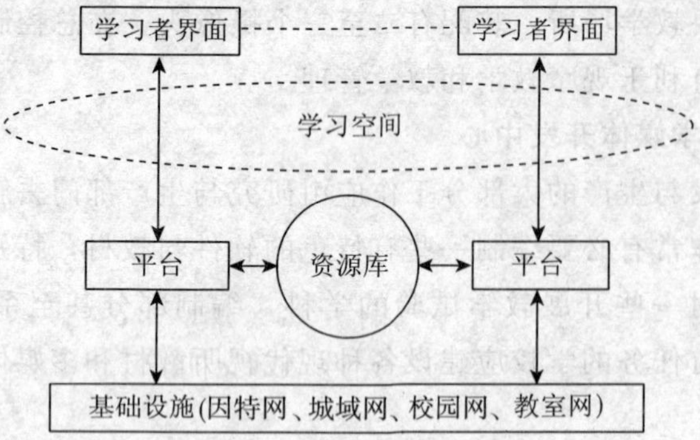

图 2-3　数字化学习环境

(1) 设施，如多媒体计算机、多媒体教室网络、校园网络、因特网等；

(2) 资源，为学习者提供的经数字化处理的多样化、可全球共享的学习材料和学习对象；

(3) 平台，向学习者展现的学习界面，实现网上教与学活动的软件系统；

(4) 通信，实现远程协商讨论的保障；

(5) 工具，学习者进行知识建构、创造实践、解决问题的学习工具。

数字化资源是数字化学习环境的关键。数字化资源是指经过数字化处理，可以在多媒体计算机上或网络环境下运行的多媒体材料。它能够激发学生通过自主、合作、创造的方式来寻找和处理信息，从而使数字化学习成为可能。数字化资源包括数字视频、数字音频、多媒体软件、CD-ROM、网站、电子邮件、在线学习管理系统、计算机模拟、在线讨论、数据文件、数据库等。数字化学习资源是数字化学习的关键，它可以通过教师开发、学生创作、市场购买、网络下载等方式获取。数字化学习资源具有切合实际、即时可信，可用于多层次探究，可操纵处理，富有创造性等特点。

数字化学习不限于教科书的学习，它还可以通过各种形式的多媒体电子读物，各种类型的网上资源、网上教程进行学习。与传统的教科书学习相比，数字化学习资源具有多媒体、超文本、友好交互、虚拟仿真、远程共享等特性。

二、在数字化学习环境中学习方式的变化

在数字化学习环境中，人们的学习方式发生重要的变化。数字化学习与传统的学习方式是不同的，如图 2-4 所示。学习者的学习不是依赖于教师的讲授与课本的学习，而是教师和学生利用数字化平台和数字化资源进行协商讨论、合作学习，并通过对资源的收集利用，进行探究知识、发现知识、创造知识、展示知识等方式的学习。因此，数字化学习有多种方式的实施：资源利用的学习，即利用数字化资源进行情境探究学

习；自主发现的学习，即借助资源，依赖自主发现、探索性的学习；协商合作的学习，即利用网络通信，形成网上社群，进行合作式、讨论式的学习；实践创造的学习，即使用信息工具，进行创新性、实践性问题解决的学习。由此可见，数字化环境中学习的重要特点有以下几方面。

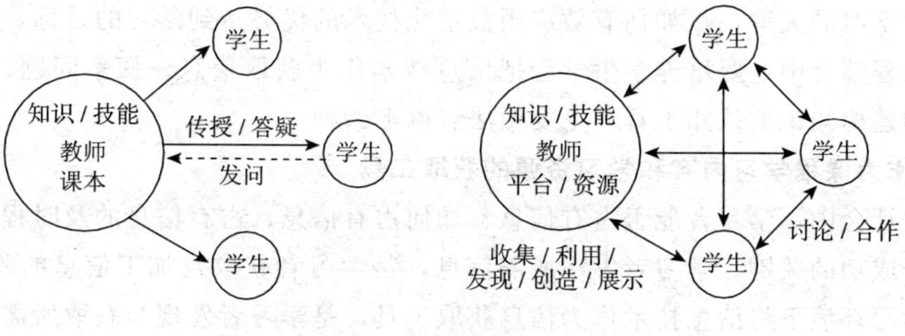

图 2-4　传统学习与数字化学习方式的比较

1. 数字化学习的课程内容和资源的获取具有便利性

事实上，只要网络系统具有较理想的带宽，学生和教师就能够通过网络和资源库获得所需的课程内容和学习资源。学生可以不受到时空和传递呈现方式的限制，通过多种设备，使用各种学习平台获得高质量课程的相关信息，方便地实现信息的传送、接收、共享、组织和储存。

2. 数字化学习使课程内容具有实效性

通过数字化的学习环境，教师和学生能够充分利用当前国内国际现实世界中的最新信息作为学习资源，并将其融入课程之中，学习者可以进行时事评论和信息利用。这种以现实为基础的信息利用，将有助于培养学生发现知识的能力，加深对现实世界的理解。

3. 数字化学习使课程内容具有多层次性

数字化资源具有高度的多样性和共享性，把数字化资源作为课程内容，对相同的学科主题内容，教师和学生可以根据自己的需要、能力和兴趣选择不同的难度、水平进行探索。

4. 数字化学习使课程内容具有可操纵性

数字化学习过程，既把课程内容进行数字化处理，同时又利用共享的数字化资源融合在课程教学过程中，这些数字化学习内容能够被评价、被修改和再生产，并允许学生和教师用多种先进的数字信息处理方式对它进行运用和再创造。

5. 数字化学习使课程内容具有可再生性

经数字化处理的课程内容能够激发学生主动地参与到学习过程中，学生不再是被动地接受信息，而是采用新颖的数字化加工方法，进行知识的整合、再创造并作为学习者的学习成果。数字化学习的可再生性，不仅能很好地激发学生的创造力，而且为学生创造力的发挥提供了更大的可能。

三、数字化环境中学习，要充分发挥信息技术作为认知工具的作用

在过去很长的一段时间里，人们在信息技术应用于教学的过程中存在一个偏向，就是把信息技术作为演示工具，把太多的注意力放在单纯事物的演示和知识呈现上，而未能充分发挥信息技术具有数字化的优势，更忽视了信息技术与课程的有效整合。

数字化学习的关键，是如何有效应用数字化技术的优势达到学习的目标，因此，在信息技术与课程整合中，要培养学生学会把信息技术作为获取信息、探索问题、协作讨论、解决问题和建构知识的认知工具。主要做法有以下诸种。

（一）作为课程学习内容和学习资源的获取工具

信息化社会中，学习者能否占有信息、如何占有信息、占有信息的及时程度，是学习者学习能否成功的关键。学习者发现所需信息，是学习者获取及加工信息的基础与前提。在数字化学习环境下将信息技术作为信息获取工具，是学习者发现与获取所需信息的一种良好途径。将信息技术作为知识获取工具，一般有三种途径。

1. 利用搜索引擎

通过搜索引擎，可以非常容易地查询和挖掘网络环境中珍贵的数字化学习资源。常用的网络搜索引擎主要有：Google（http：//www. google. com）、百度（http：//www. baidu. com）、雅虎中国（http：//www. yahoo. com. cn）、天网搜索（http：//e. pku. edu. cn）、搜狗（http：//www. sogou. com）、网易搜索（http：//so. 163. com）等。

2. 利用各种类型网站

包括各类教育网站、专业网站、主题网站等。其中政府教育网站如：中国教育部（http：//www. moe. edu. cn）、中国教育和科研计算机网（http：//www. edu. cn）等，基础教育网站如：中国基础教育网（http：//www. cbe21. com）、中国中小学信息技术教育网（http：//www. nrcce. com）等，专业网站如：中学语文（http：//www. pep. com. cn/zhongyu/index. htm）、中国数学（http：//www. china-maths. com），主题网站如：数学奥林匹克俱乐部（http：//mathclub. chination. net）、鲁迅研究网（http：//luxun. top263. net）、中国诗人（http：//www. chinapoet. net）、中国科普博览（http：//www. kepu. com. cn）等。

3. 利用地区或学校教育资源库

教育资源库都是数字化教育资源的科学化、系统化的集合，我国教育部非常重视教育资源库建设，连续出台了相关政策与措施以推动教育资源库建设的进程。许多企业、学校等单位纷纷参与教育资源库建设，并已经取得了一定的成效。高质量教育资源库具有教学针对性强、内容科学、实用性高、冗余度低等特点，建设高质量教育资源库有利于避免资源重复开发造成的巨大浪费，实现资源的高度共享，可以在学校教学和学生自主学习中发挥重要的作用。在学校校园网络环境下，利用学校内部教学资源库或著名教育资源库镜像，学习者可以从中查找或搜寻到所需的学习资源，完成问题解决，并从中扩大学生的视野。教育资源库也为教师提供了丰富的、生动形象的课堂教学内容，提高了教学效果。

（二）作为情境探究和发现学习的工具

一定的社会行为总是伴随行为发生所依赖的情境。如果要求学习者理解这种社会行为，最好的方法是创设同样或类似的情境，让学生具有真实的情境体验，在特定的情境中理解事物本身。信息技术与课程整合就是要根据一定的课程学习内容，利用多媒体集成工具或网页开发工具将需要呈现的课程学习内容以多媒体、超文本、友好交互等方式进行集成、加工处理，转化为数字化学习资源，根据教学的需要，创设一定的情境，并让学习者在这些情境中进行探究、发现，有助于加强学习者对学习内容的理解，提高学习能力。根据教学的需要，作为情境探究工具有三种途径：

（1）学生通过对数字化资源所呈现的社会、文化、自然情境的观察、分析、思考，激发学习兴趣，提高观察和思考能力；

（2）学生通过数字化资源所设置的问题情境的思考、探索，利用数字化资源具有多媒体、超文本和友好交互界面的特点，学会从中发现问题、解决问题，通过利用节点之间所具有的语义关系，培养学生进行知识意义建构的能力；

（3）学生通过数字化资源所创设的虚拟实验环境，在虚拟实验环境中实际操作、观察现象、读取数据、科学分析，培养科学研究态度和能力，掌握科学探索的方法。

（三）作为协商学习和交流讨论的通信工具

信息技术提供的数字化学习环境具有强大的通信功能，学生可以借助 NetMeeting、Internet Phone、ICQ、e-mail、Chat Room、BBS 等网络通信工具，实现相互之间的交流，参加各种类型的对话、协商、讨论活动，培养独立思考、求异思维、创新能力和团队合作精神。

（四）作为知识建构和创作实践工具

建构主义认为学习者对知识的掌握不是由老师传授的，而是通过同化、顺应、平衡，在学习伙伴间的交流、对话、协商和讨论过程中，运用意义建构的方式获得的。在数字化学习环境下，有助于学习者知识建构的工具平台非常多。如可以利用汉字输入和编辑排版工具，培养学生的信息组织、意义建构能力；利用“几何画板”、“作图”、“作曲”工具，培养学生创作作品的能力；利用信息“集成”工具，培养学生的信息组织、表达能力与品质；借助网页开发工具，有利于培养学生对信息的甄别、获取和组织能力。学生完成自己的网页制作以后，可以在同学间开展通信和交流，培养他们对信息的应用能力，提高学生在信息技术环境下的思考、表达和信息交流能力。

（五）作为自我测评和学习反馈工具

数字化学习资源提供各种类型的试题库，学习者通过使用一些随机出现的、不同等级的测试题目，利用 SPSS 统计分析软件和学习反应信息分析系统，借助统计图表或 S-P 表进行学习水平的自我评价。

在信息技术与课程整合过程中，真正把信息技术作为学生的认知工具交给学生，才能使学生在数字化学习环境中，学会借助数字化学习资源提供的虚拟情境进行探究发现学习，学会借助信息通信工具进行协商讨论学习，学会使用信息加工工具进行问题解决学习。

思考题

1. 现代教学媒体按照功能可以分为哪些主要类型，它们有哪些特点和不同？

2. 媒体的教学功能和特性有哪些？

3. 试述现代教学媒体设计与选择的基本原则。

4. 学校现代教育技术系统环境建设重点项目主要有哪些，它们各有哪些主要设备和功能？

5. 请说明数字化学习环境的基本组成，数字化学习与传统学习方式有何不同？

6. 简述数字化学习环境中学习的特点。

第三章　数字音像媒体与教学应用

随着信息技术的发展，音像信息数字化越来越普及，数字音像媒体的种类越来越丰富，在教学应用上越来越广泛。

第一节　音像信息的数字化

一、音像信息数字化的含义

音像信息数字化是把连续的音频或视频信号经过采样和量化形成离散的数字化的音频或视频信号，将音像信息按某种规律编成一系列二进制数码。数码信息文件可以方便地存储及复制，也可以不失真地进行通信传输，有利于数字设备进行数据分析和处理。

音频模拟信号转换音频数字信号的主要设备是声卡，而视频模拟信号转换视频数字信号的主要设备是数码相机、数码摄像机、扫描仪和视频采集卡。

二、模数转换器

模数转换器（A/D）将随时间连续变化的模拟信号，经采样、量化、编码后转换成许多称为“位”（bit、比特）的二进制编码 0 和 1 的数字信号，如图 3－1 所示。

模拟信号 → 采样 → 量化 → 编码 → 数字信号

图 3－1　模数转换器

（一）采样

模拟信号是一条连续的曲线，如图 3－2(a)所示。采样，也就是用采样脉冲，如图 3－2(b)所示，隔一段时间对模拟信号抽取一次，将随时间连续变化的模拟量变成时间上离散的模拟量。采样后的模拟信号变成一串脉冲信号，如图 3－2(c)所示。其幅度取决于瞬间的模拟信号的电压值，因为把每一个采样值转换成数字信号需要一定的时间，所以将采样得到的模拟值保持到下一个取样脉冲到来之前的采样保持信号，如图 3－2(d)所示。

采样频率是指每秒钟所抽取的模拟信号幅度样本的次数，采样频率越高，保真度就越高，数据量也就越大。最低的采样频率应该是信号频率带宽中最高频率的两倍以上。

（二）量化

采样后的模拟信号要将信号幅度分为若干量化等级。信号在幅度上的离散化过程称为量化。量化将连续电平取值化成有限个特定电平的代表值，这些代表值称为量化电平，即量化等级。如图 3－2(e)所示，取 0 伏、1 伏、2 伏、3 伏为四个量化电平。量化位数越高，数字音视频信号信噪比越高。量化的等级要根据对信号信噪比的要求来确定。

（三）编码

编码，是将量化后的采样值用二进制的数码来表示。四个量化电平数用两位二进制数码 00，01，10，11 表示即可。图 3－2(f)所示的数码为 01，10，11，10，01，01，00，01。二进制数码的位数，即量化位数 n（bit、比特）。二进制数码的位数越多，数字音视频信号的数据量越大，质量越高。

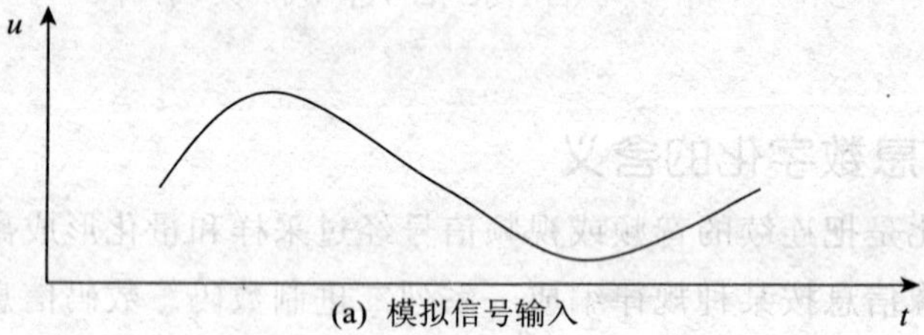

(a) 模拟信号输入

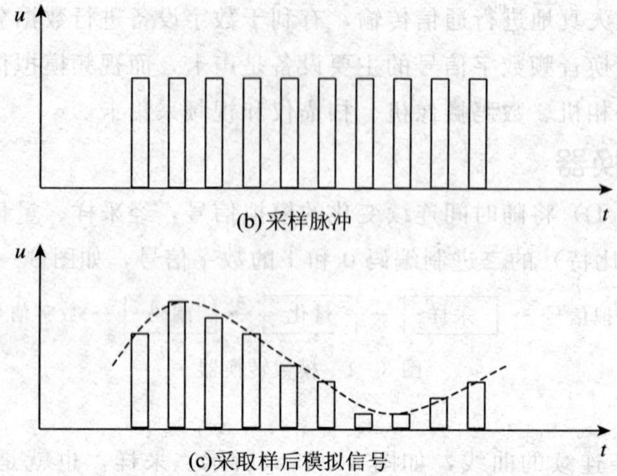

(b) 采样脉冲

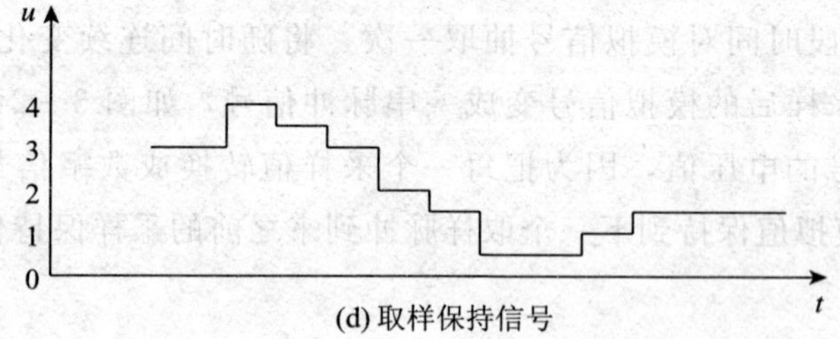

(c) 采取样后模拟信号

(d) 取样保持信号

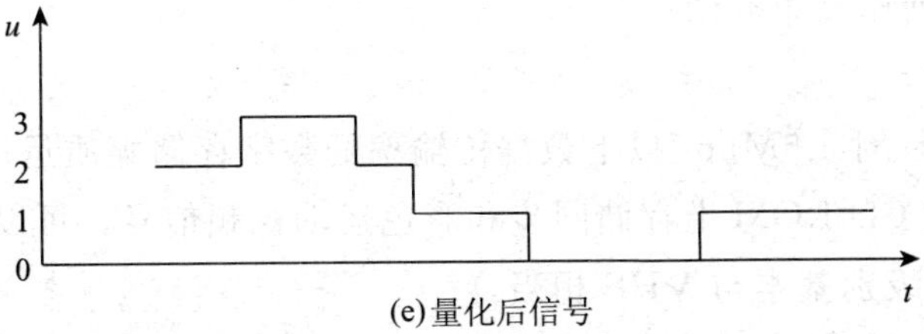

(e)量化后信号

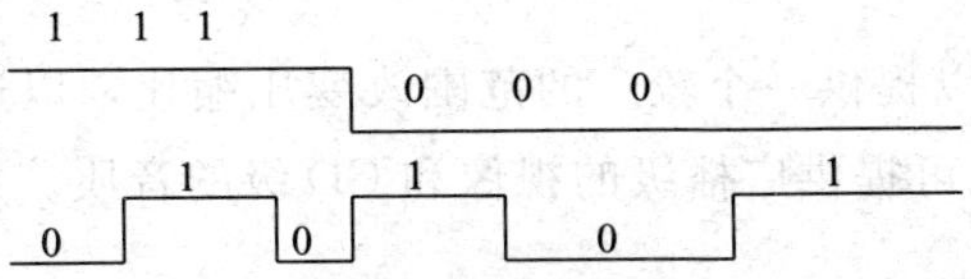

(f) 数字信号编码输出

图 3-2 模拟信号数码化过程

三、音像数字信号的压缩

大数据量的传送和储存十分困难，必须进行压缩处理。数据压缩要保证数据量小于信息量。衡量数据压缩技术的指标为压缩比要大，实现压缩的算法要简单，恢复效果要好。压缩处理过程包括：编码过程，即将原始数据经过编码进行压缩；解码过程，即对编码数据进行解码。压缩方法分为两类：可逆编码方法，即无损压缩；不可逆编码方法，是有损压缩。数字电视信号采用的是不可逆编码方法，因为选择的压缩率是视觉效果可以接受的。

四、多媒体数据压缩的技术标准

目前，被国际社会广泛认可和应用的图像和视频压缩编码标准主要有 JPEG、H. 261 和 MPEG 三种。

（一）JPEG 静止图像压缩标准

JPEG 标准是第一个压缩静态数字图像的国际标准，采用帧内压缩方式，压缩比为 2∶1～100∶1。可用于灰度和彩色图像，支持各种应用领域。包含两种压缩算法：一种是无损压缩，不失真，但压缩比很小；另一种是有损压缩，有失真，但压缩比大，通常压缩 20～40 倍时。

（二）H. 261 视频通信编码标准

H. 261 是 CCITT 的建议，支持实时动态图像的压缩编解码，应用目标是可视电话和电视会议。它有不同的传输速率，其图像分为全屏格式 CIF 和四分之一屏格式 QCIF。

（三）MPEG 运动图像的压缩标准

MPEG 标准由 MPEG 视频图像、声音与系统组成。MPEG 标准详细说明了视频图像以及声音信号的压缩和解压缩方法，并涉及播放 MPEG 数据时所需的图像与声音的同步问题。

MPEG 是一个标准系列，包括 MPEG-1、MPEG-2、MPEG-4、MPEG-7，以下

对 MPEG 的标准系列作简单介绍。

1. MPEG-1

MPEG-1 主要针对 1.5Mbps 以下数据传输率的数字存储媒质运动图像及其伴音编码的国际标准，用于在 CD-ROM 上存储同步和彩色运动视频信号，可以优化为中等分辨率。具有 CD 音质，质量级别基本与 VHS 相当。

2. MPEG-2

MPEG-2 标准制可以提供一个较广的范围改变压缩比，以适应不同画面质量、存储容量以及带宽的要求。也可提供广播级的视像和 CD 级的音质。

3. MPEG-4

MPEG-4 标准主要应用于视频电话、视频邮件和电子新闻等。MPEG-4 利用很窄的带宽，通过帧重建技术来压缩和传输数据，它对于传输速率要求较低，在 4 800～64 000 bits/sec之间，分辨率为 176×144。更适于交互 AV 服务以及远程监控，另外具有综合性。

4. MPEG-7

MPEG-7 包括了更多的数据类型，是一个用于描述不同类型多媒体信息描述符的标准集合。MPEG-7 开发了一种描述定义语言 DDL（description define language）用来定义描述方案的语言并已标准化。带有相关 MPEG-7 数据的 AV 素材就可以被加上索引，便于检索。

五、常见数字音频文件格式介绍

存储声音信息的文件格式主要有四种：WAV 格式、MIDI 格式、MP3 格式和 REAL 格式。

（一）WAV 文件

WAV（波形）文件来源于对声音模拟波形的取样。用不同的取样频率对声音的模拟波形进行取样得到一系列离散的取样点，以不同的量化数（8 位或 16 位）把取样点的值转换成二进制数。WAV 文件存储容量很大，支持各种取样频率和样本精度的声音数据，并支持压缩。

（二）MIDI 文件

MIDI（musical instrument digital interface）是乐器数字接口的英文缩写。MIDI 文件采用字节指令格式，记录的是声音事件，而不是记录音乐信息，通过高级命令序列使声卡上的音乐合成器产生合适的声音。MIDI 文件占用的存储空间比 WAV 文件小得多。

（三）MP3 文件

MP3 格式是目前流行的一种高压缩比音频格式。MP3 的压缩率高达 10：1～12：1。虽然 MP3 是一种有损压缩方式，但生成的声音文件音质却可以接近 CD，以极小的声音失真换来了较高的压缩比，因此在因特网上广泛传播。

（四）REAL 文件

流媒体（streaming media）是将动画、视音频等多媒体文件经过压缩分成一个个压缩包，由流媒体服务器向用户计算机连续、实时传送，边下载边播放。流媒体格式的声音和视频文件通常只有 WAV 和 AVI 文件的 3%～5%。REAL 文件是一系列由美国著名的 RealNetworks 公司开发的流媒体格式文件的统称，包括视频音频和流式文本和图片，其中声音格式有 RA（RealAudio）、RM（RealMedia，RealAudio G2）、RMX（RealAudio Secured）等多种。

第二节　数码相机与扫描仪

一、数码相机

数码相机，又称数字照相机（digital camera，DC），使用的存储介质类似于计算机上所使用的小型磁盘、磁卡等光磁转换物理介质。所记录的影像能即时重现，可直接通过计算机进行处理、打印等，还可以借助网络实现即时远距离传输。

（一）数码相机的类型

1. 按图像传感器分类

（1）面阵 CCD 数码相机

面阵 CCD（charge couple device，电荷耦合器件）数码相机的 CCD 图像传感器排列成矩阵平面，捕捉影像时一次曝光记录整幅画面，拍摄速度快，又称为实时数码相机。

（2）线阵 CCD 数码相机

线阵 CCD 数码相机的 CCD 图像传感器排列成线状，称为往复扫描型或扫描式相机，能产生清晰度高的大幅画面。但是，不能用于快速照相和闪光摄影。

（3）CMOS 数码相机

CMOS（互补金属氧化物半导体）数码相机的 CMOS 图像传感器的最大优点是耗电量少，其电力消耗约为 CCD 图像传感器的 1/10。但是，目前 CMOS 图像传感器的图像清晰度、色彩还原度和拍摄速度还不尽如人意。

2. 按质量与功能分类

（1）简易型数码相机

简易型数码相机的分辨率低，一般只有 400×300 或者更低，有的还缺少液晶显示器或不能使用存储卡，功能较少。但价格低，主要面向广大的初学者群体。

（2）普及型数码相机

分辨率一般为 640×480 和 800×640。一般都有液晶显示器和可更换的存储卡。

（3）高级型数码相机

分辨率一般有1 024×768、1 280×1 024、1 536×1 024等几种，CCD 像素在 100 万

以上。高级型数码相机有变焦、自动聚焦等功能。拍摄操作像高档的傻瓜相机。

(4) 专业型数码相机

专业型数码相机的分辨率至少在1 280×1 024以上，CCD像素不低于300万。支持使用24位和36位色彩获取图像，采用无损压缩方式存储数据。大多数都使用35毫米兼容镜头或可拆卸35毫米镜头。有自动对焦和曝光系统、快速数据存储和大容量存储卡等优势。

（二）数码相机的组成与原理

数码相机的光电转换器常用CCD。景物反射的光线透过镜头聚焦成像在CCD上，转换成与光线强度成正比的电荷，形成一幅视频影像；通过模数转换器，视频信号转换成数字信号；影像数据可以存储在数码相机的磁卡中。

数码相机一般由光学系统、光电传感器、模数转换器、数字信号处理器（DSP）、图像数据压缩器、图像存储媒体、液晶显示器（LCD）、图像数据输出控制单元和总体控制电路等几大部分组成，如图3-3所示。

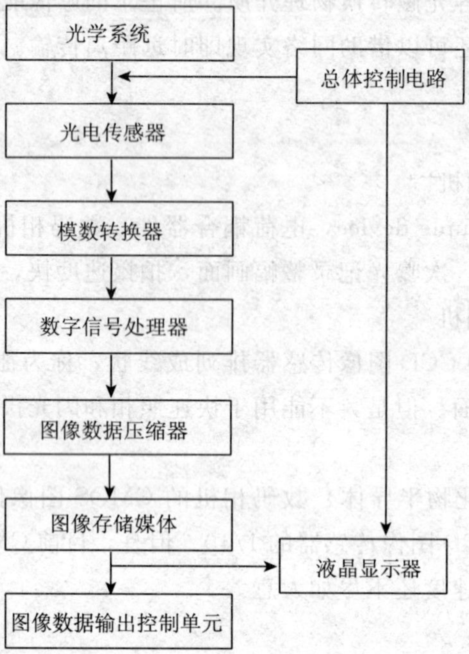

图3-3 数码相机的组成

1. 光学系统

数码相机的光学镜头的视场角与分辨率等参数要由所选的光电传感器的参数决定。

2. 光电传感器

光电传感器的作用是接收透过光学镜头的光（图像）信号，转换成对应的模拟电信号。数码相机一般采用CCD或CMOS作为光电转换器。

3. 模数转换器

模数转换器是将光电传感器输出的模拟电信号转换为数字信号。模数转换器的主要参数有两个：转换速度（采样频率 f）和量化精度（编码位数 n）。一般中低档数码相机的量化精度为 16 位或 24 位，高档数码相机采用 36 位的较多。

4. 数字信号处理器

数字信号处理器的内核是一个单片微型计算机，运算速度快，处理工作量大，主要是通过一系列复杂的数学算法，对数字图像信号进行白平衡、彩色平衡、伽玛校正与边缘校正等优化处理。

5. 图像数据压缩器

图像数据压缩器的作用是把得到的图像转换成 JPEG 格式图像。现在已有采用 MPEG 压缩方式的数码相机，这种相机可以存储活动的图像和声音。

6. 图像存储媒体

数码相机中的存储媒体用于保存图像。数码相机存储媒体的类型主要有芯片和磁性材料，具体可划分为内置式存储器和移动式存储卡。

7. 图像数据输出控制单元

数码相机的图像数据输出控制单元是用来提供图像输出的界面，即连接端口。其中，包括视频接口和数据接口。视频接口（TV VIDEO）与电视机相连接显示视频信号。数据接口与计算机或打印机的相应接口连接，将图像数据传送给计算机与打印机。常见的接口有 RS-232C，SCSI，IrDA，USB，IEEE1394 等接口形式。

8. 总体控制电路

一般的数码相机内部有一个主控程序芯片（MCU 芯片），控制和协调数码相机的测光、运算、曝光等各个操作，对数码相机的所有部件及任务进行管理。

（三）数码相机的使用

1. 插卡与接通电源

使用数码相机拍照之前，首先要进行的操作是把存储卡插入相机内（即插卡），接通电源。

2. 取景

数码相机除了具有同传统相机一样的光学取景器外，相机屏幕也可兼作取景器。

3. 色温调整

数码相机采用手动或自动白平衡调节来保证拍摄的效果自然真实。数码相机中通常预置了几种常用光的色温数据，如像日光、钨丝灯、闪光灯和荧光灯等。

4. 图像分辨率设定

数码相机在拍摄每一帧照片前，根据实际需要选择图像的分辨率和压缩比。采用不同的分辨率，相机所能拍摄的照片数量也不同。分辨率越高，相机所能存储的照片数量越少。

5. 图像压缩比设定

绝大多数数码相机设有多种图像存储压缩比值，拍摄时可根据需要进行选择。选择压缩比的原则是：图像的质量要求越高，选择的压缩比应该越低或者无压缩，反之亦然。

6. 液晶显示器的使用

彩色液晶显示器一般具有亮度、对比度调节和改变观看角度等功能。将数码相机的播放与记录开关（PLAY/REC）拨到播放（PLAY），即可在彩色液晶显示器上呈现出所拍摄的影像。

7. 数码相机的延时性

许多数码相机从按动快门到真正捕获图像都存在1～2秒的时间延迟，而且在两次拍摄中间有一个恢复时间，用于捕获后的处理。这些延迟限制了拍摄动作照片和快速连拍功能。

8. 存储卡信息的格式化与删除

（1）存储卡信息的格式化

格式化（format）是指存储器上的信息安排格式，也称初始化（initialize）。数码相机使用的各种存储卡，只有格式化处理后才能存储数字化的影像。

（2）存储卡信息的删除

存储卡上的信息可以随时删除以便腾出存储空间。目前存储卡的删除操作方法大致有四种：单纯利用删除按钮、删除按钮与彩色液晶显示器结合、选择屏幕菜单和利用计算机删除。

（四）数码相机的维护

1. 正确装卡与取卡

向数码相机中装入与取出存储卡，必须在相机处于关机状态下进行。

2. 勿摄强光

为了保证拍摄质量和成像器件不受灼伤，不宜用数码相机直接拍摄太阳或非常强烈的灯光。特殊需要无法避开时，也要尽量缩短拍照时间。

3. 防烟避尘

数码相机应在清洁的环境中使用和保存，这样可以减少因外界的灰尘、污物和油烟等污染而导致故障的可能性。

4. 忌湿防潮

如果使用或存放的环境湿度很大，很容易导致数码相机电路故障，也容易使镜头发霉，特别是高温高湿的环境危害更大。

5. 远离强磁场与电场

强磁场和电场会影响数码相机的关键部件如CCD芯片、DSP芯片等的正常发挥，因此，不要把相机放在音响、电视机、大功率变压器、电磁灶等设备附近。

6. 避免剧烈振动

剧烈振动和碰撞会影响数码相机中复杂的成像系统的精密性能，数码相机内的精密电子器件和光学镜头也容易受到损坏。实际拍摄过程中应确保数码相机的安全。

7. 保养镜头

使用专用非磨性清洁软布、专用镜头清洁纸和清洁液擦拭镜头，不要使用经过化学处理过的、清洁眼镜用的清洁纸。另外，使用完后要及时盖好镜头盖。

8. 保养液晶显示器

彩色液晶显示器是数码相机重要的特色部件，容易受到损伤，因此在使用过程中需要特别注意保养。

9. 正确使用充电电池

数码相机中使用的充电电池有镍镉电池、镍氢电池和锂离子电池。为了延长电池的使用寿命，一般情况下最好关掉液晶屏，尽可能少使用闪光灯，并在传输图片时使用交流电源适配器。

二、扫描仪

扫描仪（scanner）是把文本、图形、图表、照片、胶片等转换为计算机能够处理的图像的设备。

（一）扫描仪的类型

1. 按扫描方式分类

（1）手动式扫描仪

一次性扫描宽度仅为105毫米，其分辨率通常为400dpi，但小巧灵活。

（2）平面式扫描仪

平面式扫描仪也称为CCD扫描仪，是用线性CCD阵列作为光转换元件，单行排列，主要应用于A4、A3等小幅面的扫描。原稿可以是反射或透射原稿，扫描速度较快。

（3）滚筒式扫描仪

滚筒式扫描仪（drum scanner）是使用圆柱型滚筒设计，一般应用于大幅面扫描。其优点是可以完全覆盖所要扫描的文件，应用于计算机辅助设计（CAD）与工程图纸管理等。

（4）胶片扫描仪

主要用来扫描透明的胶片。一些扫描仪只使用35毫米格式，而另一些最大可扫描4×5英寸的胶片。

2. 按反射式或透射式分类

（1）反射式扫描仪

反射式扫描仪用于扫描不透明的原稿，它利用光源照在原稿上的反射光来获取图形信息。反射式扫描仪的外形结构如图3-4(a)所示。

（2）透射式扫描仪

透射式扫描仪用于扫描透明胶片，如胶卷、X光片等。目前也有两用扫描仪，是在反射式扫描仪的基础上再加一个透射光源附件，使扫描仪既可扫描反射稿，又可扫描透射稿。透射式扫描仪的外形结构如图 3－4(b)所示。

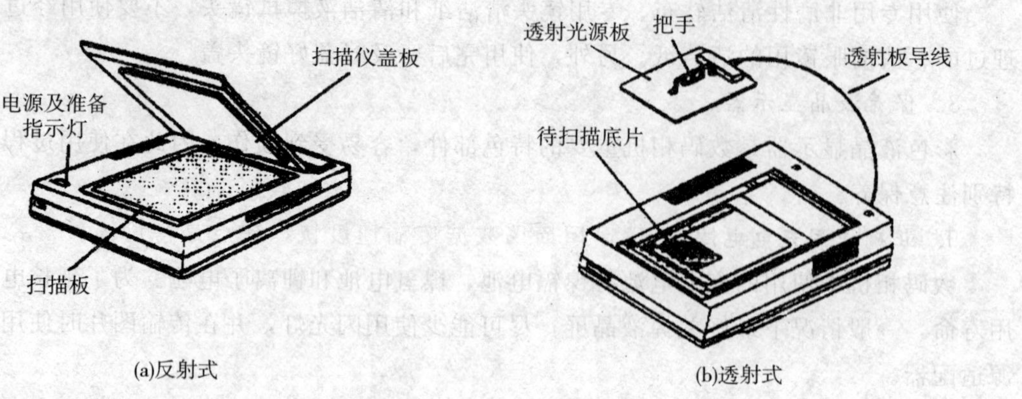

图 3－4　扫描仪

（二）扫描仪的组成与原理

扫描仪一般由光电传感器、光源及聚焦透镜和步进电动机、模数转换器、扫描软件等几大部分组成。

1. 机械传动机构

机械传动机构由步进电机、传动皮带、齿轮和扫描头移动支撑竿组成。扫描头卡在传动皮带上，由传动皮带带动支撑竿纵向移动。步进电机由步进驱动电路驱动，其步进精度决定了扫描仪的纵向扫描精度（机械分辨率）。

2. 光电系统

扫描仪中的光电系统主要由光源、光学系统、感光元件、模数转换器、图像处理器和硬件接口组成。其中的光源、光学系统、感光元件均放在扫描头中。

（1）光源

光源品质的好坏直接影响最终的扫描结果。目前扫描仪使用的基本是低压辉光放电管。

（2）光学系统

光线在进入感光元件之前，必须经过几只反光镜和一个透镜组（镜头）所组成的光学系统。镜头的作用是将光线汇聚于感光元件上，从而产生清晰并不失真的图像。

（3）感光元件

感光元件是扫描仪的核心，其作用是将光信号转换成相对应的电信号。目前，扫描仪所使用的感光元件主要有：电荷耦合器件（CCD）、光电倍增管和接触式感光元件（CIS或 LIDE）。目前，电荷耦合器件已成为应用最广泛的感光元件。

（4）模数转换器

模数转换器接收感光元件传来的模拟电信号，将它转换成为二进制数字信号后，再送图像处理器处理。模数转换器数据宽度决定着扫描仪的色彩位数和灰度级，如标称 24 位色彩的扫描仪，红色（R）、绿色（G）、蓝色（B）各个通道分别采用 8 位的模数转换器转换图像信号，可将每一颜色的图像分为 2^8 共 256 个等级，形成 24 位色彩，这也是常说的 24 位真彩色。

（5）图像处理器

图像处理器将模数转换器传来的二进制数字信号，进行运算、处理后经接口电路送往计算机。将图像传送给计算机以前，扫描仪至少要校正好图像的白平衡、亮度、对比度等参数。

（6）硬件接口

扫描仪的硬件接口指扫描仪与计算机的连接方式，常见扫描仪的接口有 SCSI 接口、EPP 接口和 USB 接口。SCSI 接口扫描仪数据传输速度快，缺点是售价高，安装较为复杂；EPP 和 USB 接口的扫描仪安装方便，对家庭和办公用户非常适用。

扫描仪工作过程如图 3－5 所示。平面式扫描仪工作时，扫描仪内部的扫描光源（灯管）在步进电机驱动马达和驱动皮带的驱动下匀速移动，当扫描光源的光线均匀照射到原稿上，原稿反射出光强弱程度不等的光线，经过一组反射镜反射后通过一只（组）聚焦透镜将光信号汇聚于 CCD 上；再由 CCD 将光信号转换为与光强度成正比的模拟电信号后送往模数转换器，当扫描仪的机械传动机构带动扫描头沿纵向扫过待扫稿件以后，感光元件就采集并传输了原稿上的全部图形信息，最后经扫描仪与计算机接口传输给计算机。

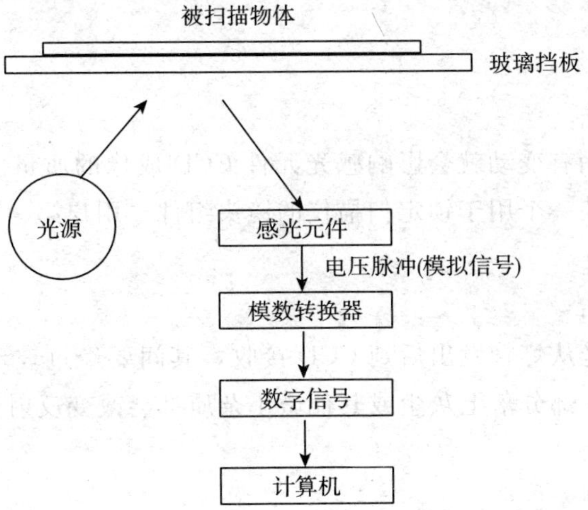

图 3－5　扫描仪工作原理

（三）扫描仪的使用与维护

1. 扫描仪的使用

（1）扫描仪的使用界面

扫描仪的操作界面大同小异，如以高分辨率扫描仪为例，扫描操作界面：在模式项（Mode）提供二值图（Bi-Tone）、灰度图（Gray Scale）、真彩图（True-Color）三种扫描模式，各种扫描模式还可以设定扫描分辨率、缩放比例及不同方式的扫描效果，以适应文字输入、图形输入和图像识别等。

（2）扫描分辨率的设定

采用不同的扫描分辨率所获得的数字化图像的细节部分效果有较大的差别，应根据需要设定扫描分辨率。

（3）扫描对比度、亮度的设定

在图像采集过程中，因原稿的情况采用不同的扫描对比度、亮度所获得的数字化图像效果是不同的。

（4）单色调节

由于原图的偏色或在多媒体节目创作中要求图像具有特殊的气氛和情调时，需要对图像作某种单色调节。

（5）去网纹

印刷品扫描出来会有网纹。所以许多扫描仪有除去网纹的功能，可由软件或硬件完成。

（6）提高文字识别率

要提高扫描仪的光学字符识别率（optical character recognition，OCR），第一，把原稿中的杂质、污点等去掉，摆正原稿；第二，选择适当的分辨率，如将扫描分辨率设为300dpi（黑白方式）；第三，调整适当的明亮度；第四，根据版面情况，进行自动或手动版面分析。

2. 扫描仪的维护

（1）保护扫描镜头

扫描镜头的位置稍有变动就会影响感光元件CCD成像的质量。为了避免在运输中造成损坏，扫描仪都安装一个用于锁定扫描仪的镜头组件。用户第一次使用扫描仪前，一定要先开锁。

（2）保持环境清洁

扫描仪工作时，光从灯管发出后到CCD接收，其间要经过玻璃板以及若干个反光镜片及镜头，其中任何一部分落上灰尘或其他微小杂质都会改变反射光线的强弱，从而影响扫描图像的效果。

（3）预热时间适中

扫描仪在刚开启的时候，光源的稳定性较差，而且光源的色温也没有达到扫描仪正常工作所需的色温，此时扫描输出的图像往往饱和度不足。所以，在开始扫描以前，最好先让扫描仪预热一段时间，从十多秒到几分钟，依具体环境而定。

第三节　CD唱机

CD（compact disc）唱机又叫激光唱机，采用了先进的激光技术、数码技术、计算机技术和各种新型元器件，具有高密度记录、放音时间长、操作简便、选曲快速等优点。其音响技术指标很高，动态范围大，频响宽度达 5～20 000Hz，失真度小到 0.003%，抖晃率极低。

一、CD 唱机的类型

1. 按结构分类

有台式、落地式、分体式、便携式。

2. 按用途分类

有家用型、专业型、汽车用型。

3. 按唱片类分类

有单片式、多片式。

二、CD 唱机的组成与原理

一般的 CD 唱机不带功率放大器和扬声器，而带有耳机插孔，可用耳机听音。激光唱机主要由机械部分和电路部分组成。机械部分由唱片托盘驱动机构、唱片旋转机构与激光拾音器进给机构组成；电路部分由激光拾音器、伺服系统、信号处理系统、控制显示系统和电源电路等部分组成，如图 3－6 所示。

（一）激光拾音头

激光拾音头又称激光头，它把恒定功率的激光束发射到 CD 唱片上，然后接收 CD 唱片反射回来的激光束，把拾取的光信号转换成电信号。同时，在 CD 唱片上拾取伺服控制信号。如图 3－7 所示，激光二极管所发激光通过准直镜后成为平行光束，经分光棱镜及 1/4 波长片后，由物镜聚焦在激光唱片反射膜上，成为小光点，由激光唱片反射的光束再通过物镜成为平行光束，经 1/4 波长片，在分光棱镜上转向 90°，射向光敏二极管。由光敏二极管检测出由激光唱片反射的随唱片音轨转动而发生强弱变化的光束转化成的数码高频脉冲电信号。

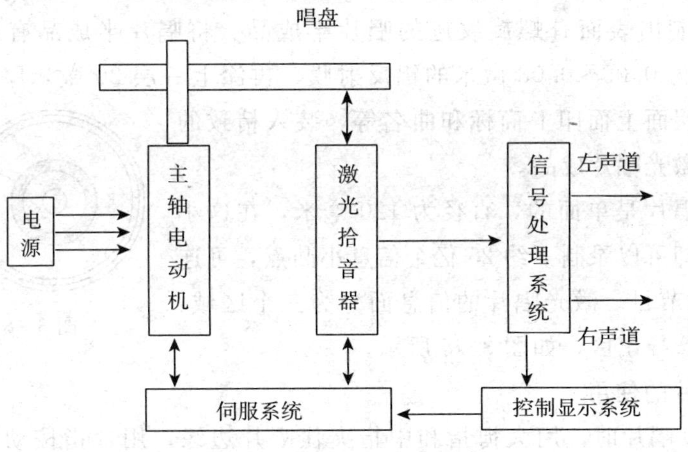

图 3－6　唱机的电路组成

（二）信号处理系统

激光拾音头在 CD 唱片上拾取数字音频信号，经信号处理系统，包括经解码电路解码和数模转换，把数字音频信号转换成模拟音频信号后，再分出左、右声道输出。

（三）伺服系统

伺服控制信号驱动伺服系统，聚焦伺服系统，保证激光束在唱片上聚焦良好；循迹伺服系统，控制物镜径向移动，使激光束准确跟踪扫描唱片音轨；进给伺服系统，使激光拾音器从唱片内圈向外圈沿音轨不断地作径向循迹移动，或选曲时使激光拾音头快速移到唱片的指定位置；主轴电机伺服系统，又称唱片伺服系统，使唱片以恒定线速度旋转。

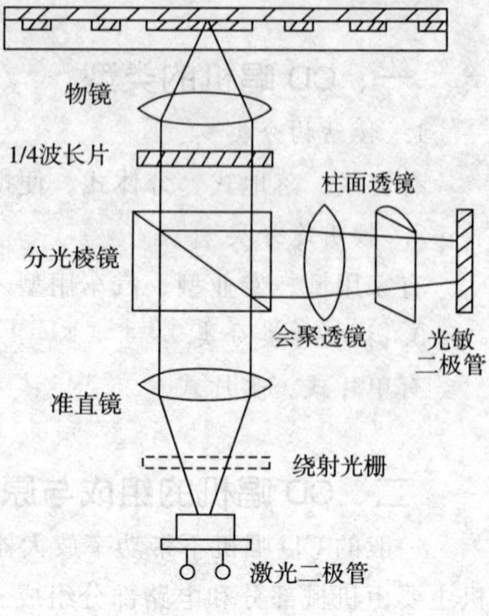

图 3－7　激光拾音器

（四）控制显示系统

控制显示系统是一个由轻触开关控制的电脑，对各种输入信息进行处理，产生相应的输出指令，控制机械部分和电路部分工作。在放唱的同时可由解码系统导出文字显示，给出重放时间、作曲家姓名、曲名、序号、是否预加重以及自动选曲信号等供聆听者使用的信息。

（五）电源电路

电源电路向 CD 唱机各部分提供所需要的电压和电流。

三、CD 唱片

（一）CD 唱片的结构

CD 唱片的基底材料是透明的聚碳酸酯。用注塑法将聚碳酯注入到注塑机中，由成型模高速大批压制出表面有螺旋纹迹的唱片半成品。将唱片半成品有纹迹的一面用真空蒸镀一层厚度为 0.05～0.08 微米的铝反射膜，再涂上一层 30 微米厚的透明塑料保护层，最后在保护层面上面印上商标和曲名等，装入精致的塑料小盒内做成激光唱片成品。

一般的 CD 唱片是单面的，直径为 120 毫米，在这小小的单面唱片上却可以录制下约 25 亿个信息小凸点，可连续放送 60 分钟的节目。激光唱片的信息面分为三个区域：导入区、内容区、导出区，如图 3－8 所示。

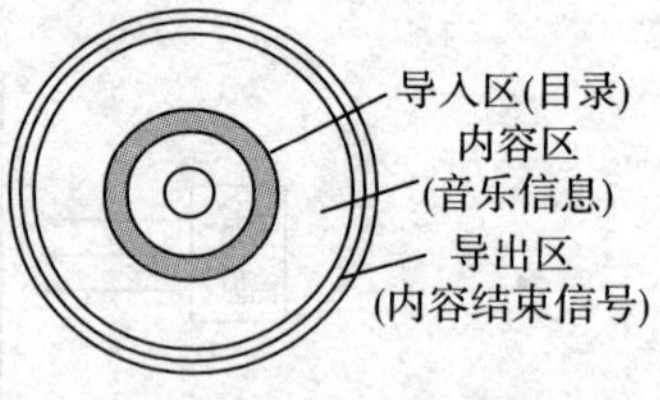

图 3－8　CD 唱片

（二）CD 唱片的使用

（1）取出 CD 唱片时，用大拇指和中指夹住唱片边缘，用食指按动唱片盒中央的弹性齿。

（2）将唱片放到 CD 唱机的唱片仓播放时，要将印有片名和商标的一面朝上放置。

（3）不能划伤唱片，不能按上指纹，防止尘土沾污，不要用粗布擦拭。表面有污迹时，应用浸湿了水的软棉布或绒布，由唱片中心沿半径方向向外擦拭。

（4）唱片应存放在阴凉通风的地方，要远离热源。将唱片盒竖立放置，防止翘曲。

四、CD 唱机的使用与维护

（一）CD 唱机的功能键

有电源（POWER），放入/取出键（EJECT 或 OPEN/CLOSE），放音/暂停键（PLAY/PAUSE），重复键（REPEAT），选曲键（SKIP），检索键（INDEX），存储键（MEMORY），停止键（STOP），耳机插口（PHONES），音量键（LEVEL）。

（二）CD 唱机的使用

（1）CD 唱机的工作电压与电源电压相符。

（2）不要使用翻版、有裂纹或变形的唱片。

（3）不要长时间使用暂停键，否则容易损坏激光唱机。

（4）在放音状态下要选听第几首乐曲，按选曲键后，会自动进行该乐曲的放音；在停止状态时，要选听第几首乐曲，按动选曲键，选好乐曲号后应在 30 秒内按动放音/暂停键放音。

（三）CD 唱机的维护

（1）CD 唱机不要放在日光直射处或暖气附近，也不要放在音频功率放大器上面，以免受热。CD 唱机的上方应留有 3 厘米高的空间，以便通风冷却。

（2）CD 唱机上面不要放置录音磁带或录像磁带，以免磁带受到唱机中变压器磁场的影响。

（3）当把 CD 唱机从阴冷处搬到热处时，激光拾取器发出激光的透镜上会结露而不能工作。这时应接通电源，待露水烘干后，才能开始正常工作。

（4）CD 唱机的唱片托盘不要长时间处于弹出状态，以免进入灰尘；不要用手推回唱片托盘，必须按动唱片放入/取出键，使它自行缩回。

（5）在与组合放音设备相联接时，激光唱机最好与收音机的调谐器、放大器有较大的间隔，以免 CD 唱机的高频成分影响收音机的调谐器、放大器工作，使重放音质变坏。

（6）CD 唱机转动部分大多是由含油轴承支承的，不需另行加油。

第四节　MIDI 合成器与 MP3 录放设备

一、声卡

声卡（sound card）即音频卡，它使计算机能够处理音频信号，是多媒体计算机最基本配置之一。

（一）**声卡的工作原理**

声卡将模拟音频进行模数转换输入计算机，进行处理后再经过数模转换，加工输出后的合成音频。除了这些过程之外，声卡还要将数字音频与计算机连接在一起。声卡的MIDI端口也可外接电子乐器键盘，让音乐家实时编写乐曲。声卡框图如图3-9所示。

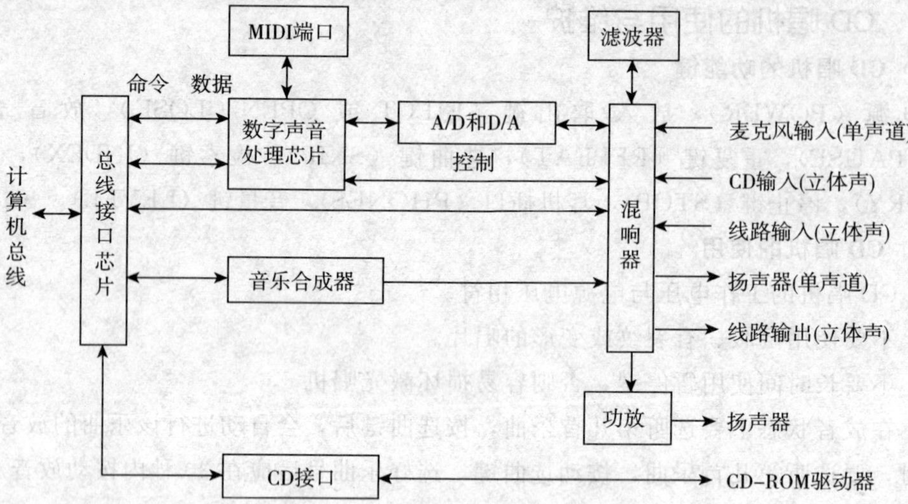

图3-9 声卡组成方框图

1. 总线接口芯片

负责为总线和声卡的各组成部分提供信号和数据传输。

2. 数字声音处理芯片

是声卡的最重要组成部分，它可完成8位/16位、单声道/立体声数字声音的记录和播放，完成4∶1、3∶1和2∶1的ADPCM压缩/解压缩，控制取样频率，翻译与声卡数字兼容的MIDI指令，提供扬声器控制，控制各种直接存储器存取（DMA）传输方式。

3. 音乐合成器

合成出各种声音。

4. A/D和D/A

实现模数转换和数模转换。

5. 混音器

主要目的是将不同输入音源的信号混合，并且提供音量软件控制功能。

6. 滤波器

去掉一些噪声信号。

7. 功放

将音频信号进行功率放大，以驱动扬声器。

表征声卡性能的两个参数是：取样频率和量化位数。取样频率决定了频率响应范围，对声音进行取样的三种标准以及取样频率位：语音效果（11kHz）、音乐效果（22kHz）、高保真效果（44.1kHz）。目前，声卡的最高取样率为44.1kHz。对声波每次取样后存储、记录声音振幅所用的位数称为取样位数，16位声卡的取样位数就是16。量化位数决定了音乐的动态范围，量化位数有8位和16位两种。

声卡处理的声音信息在计算机中以文件的形式存储。Windows使用的标准数字音频文件称为波形文件，扩展名为.wav。扩展名为.mid的文件用于存储MIDI类声音信息。

（二）声卡的功能

1. 录制与播放

声卡将输入计算机的音频模拟信号转换成数字信号再录入到计算机，由计算机进行处理，并以文件的形式进行保存。在播放时，声卡输出前把数字信号转换成模拟信号。

2. 编辑与合成

声卡可以对声音文件进行多种特殊效果的处理。其中，混合器的作用是将来自音乐合成器、CD-ROM、话筒输入（MIC）等不同来源的声音混合后再输出。数字信号处理器（DSP）可对数字音频信号进行实时压缩和解压缩、语音朗读、语音识别等特殊音频信号处理。

3. MIDI接口

MIDI接口是乐器数字接口的国际标准，它规定了电子乐器与计算机之间相互数据通信的协议，以保证双方之间的数据传输。通过软件的方法，可直接从计算机上对外部电子乐器进行控制和操作。

二、MIDI合成器

（一）MIDI的含义

MIDI是一种用于不同制造商的电子音乐设备和计算机之间交换数据的国际硬件和软件标准。一般的MIDI系统包括合成器、计算机音乐软件、音源、计算机、MIDI连线、调音台、数码录音机等周边设备。

（二）MIDI合成器

MIDI合成器根据MIDI文件的发声命令合成出乐曲。合成器（synthesizer）是利用数字信号处理器或其他芯片来产生音乐或声音的电子装置。它产生波形并通过声音发生器送往扬声器。合成器所用的合成方法主要有调频（FM）合成法和波形表（WAV）合成法。

1. 调频合成法

调频（FM）合成法主要应用于低档声卡之中。FM合成方法是将多个频率的简单声音合成复合音来模拟各种乐器的声音。内部结构比较复杂，包含有诸多信号发生器、振荡器、运算器等逻辑部件。由于受成本限制，好的FM合成器OPL3也只能提供4个正弦波来合成声音，而且复音数只有24个。用这种方法产生的声音音色少，音质差。

2. 波形表合成法

波形表合成法，即乐音样本合成法，是系统依据 MIDI 文件的发音命令从音色库或软波表中提取乐器样本声音然后合成音乐，主要应用于中高档声卡。波形表合成的本质是对取样声音的调制。对取样声音进行调制的过程是动态地改变音频信号的某个参数的过程。调制的作用是实时地控制参数，使声音产生变化。

（三）MIDI 音乐制作

MIDI 音乐是利用 MIDI 设备制作的音乐。MIDI 设备是指将 MIDI 接口、键盘、音序器、音源等多种功能结合在一起的合成器或电脑音乐制作设备。

MIDI 音乐制作是通过 MIDI 键盘的演奏，将乐曲的每个声部音符转变成 MIDI 信息，分别记录在音序器的各对应通道（音轨）上，再通过音源把各通道上的 MIDI 信息转换成对应各声部的不同电声乐器，并演奏回放出来。在 MIDI 音乐制作中，音序器用来记录、播放和编辑 MIDI 信息。音序器记录 MIDI 信息有三种方式。

1. 实时记录

音符能在演奏键盘时被记录并播放。

2. 定点记录

记录时一样演奏键盘，但能设置一个开始录入点和一个结束录出点。记录仅在录入和录出点之间进行，而不改变录入点和录出点之外音乐的播放内容。

3. 分步记录

对于复杂的演奏乐段，可用 MIDI 键盘对音符逐个步进录下来。序编器可以将记录下来的音符或乐段进行改变。序编器具有由内部时钟控制以及由外部时钟控制等功能。标准序编器具有 8 个音轨，每个音轨有 16 个 MIDI 通道。乐曲的每个声部分别记录在不同音轨对应的 MIDI 通道内，每个音轨可设定各自的声音相位、混响效果、音量平衡等。

三、MP3 录放设备

MP3 是以 MPEGLayer3 标准压缩编码的一种音频文件格式。具有很高的压缩率，可达到 1∶12，其音色和音质基本保持完美而不失真。MP3 目前由于不设版权限制，制作容易，占用空间小，已率先在多媒体计算机系统与网络上流行。

（一）MP3 多媒体计算机系统

MP3 在多媒体计算机系统上制作和播放并不困难，播放程序众多而且获取容易。制作可以通过录制 WAV 文件，再利用一些软件就可将 CD 转成 MP3 文件。一个较好的 MP3 多媒体计算机系统，需要一块专业级的声卡，以保证播放的数据信号不失真地转换成普通的模拟信号。

（二）MP3 播放器

MP3 播放器体积小，工作原理简单，有控制解码芯片和液晶屏，由解码芯片把内置闪存或外插闪存卡之中的 MP3 文件解码，然后经数模转换，最后从耳机输送到人们的耳朵中。MP3 播放器记录声音的存储介质，是类似数码相机使用的小型磁卡。MP3 播放器使用专用的数据传输线，通过并行口或者 USB 接口与计算机相连接。

（三）MP3 录音笔

MP3 录音笔是用内置的闪存来存储录音信息。MP3 录音笔有三大特点：一是采用了 USB 接口；二是采用了大容量的内存，一般使用 16M 或以上的闪存作为标准配置；三是录音笔具有多种功能，例如附加 MP3 播放器、无线麦克风等，使得 MP3 录音笔有放音功能。

第五节　数字影碟机与投影仪

一、数字影碟机

数字影碟机也称激光视盘机，能够播放激光视盘，有 LD、VCD 和 DVD 等不同类型，具有存储量大、影音质量高、检索方便等优点，已成为现代教育技术的新型视听媒体。

（一）数字影碟机的类型

1978 年荷兰飞利浦公司研制了世界第一台激光影碟机，80 年代初激光影碟机开始大量投放市场。随着激光技术和数字音像技术的发展，激光影碟机的种类、格式不断更新，质量不断提高。

1. 按彩色电视制式分类

有 NTSC 制、PAL 制、NTSC 制与 PAL 制兼容的影碟机。按激光影碟信号灌制的方式分类，有 CAV（constant angular velocity）等角速度标准碟的影碟机，CLV（constant linear velocity）等线速度长时间碟的影碟机。

2. 按数字影碟机的视音频处理格式分类

有 LD 影碟机、VCD 影碟机、DVD 影碟机。

（1）LD（laser disc）影碟机又叫镭射影碟机，一般都是 NTSC 制，可播放 8 吋和 12 吋的 LD 影碟，大多数属于 CLV 方式。常用的 LD 影碟正反两面都刻录模拟图像与伴音信号以及卡拉 OK 伴音的数字信号。LD 影碟机的图像清晰度接近广播级录像机，声音达到极高的保真度。

（2）VCD（video compact disc）影碟机又叫视频影碟机，一般都是 NTSC 制与 PAL 制两用，可播放 3 吋和 5 吋的 VCD 影碟，俗称小影碟，属于 CLV 方式。因为 VCD 影碟面积小和播放时间长，而且只有单面刻录图声信号，记录信号都要经过 MPEG－1 数字压缩编码，图像清晰度不如 LD 影碟机。

（3）DVD（digital video disc）影碟机又叫数码影碟机，常用来播放 5 吋单面单层、单面双层或双面单层、双面双层的 DVD 影碟，刻录的图声信号采用 MPEG－2 数字压缩编码技术。DVD 影碟机的图像清晰度达到广播级录像机水平，播放时间比 VCD 影碟机长得多。

（二）数字影碟机的组成与原理

数字影碟机主要由激光捡拾头、伺服系统、视频处理系统、音频处理系统、卡拉OK系统、驱动控制系统、电源等几大部分组成，如图3-10所示。

1. 激光捡拾头

简称激光头，由半导体激光发生器发射的激光经物镜聚焦成直径约万分之一毫米的激光束，对光盘上的电视信号轨迹作循迹扫描；从光盘反射回来载有图声信息的激光束，经过光电检测器转换成相应的电信号并检测出聚焦误差信号、循迹误差信号，供伺服系统控制聚焦及循迹伺服。

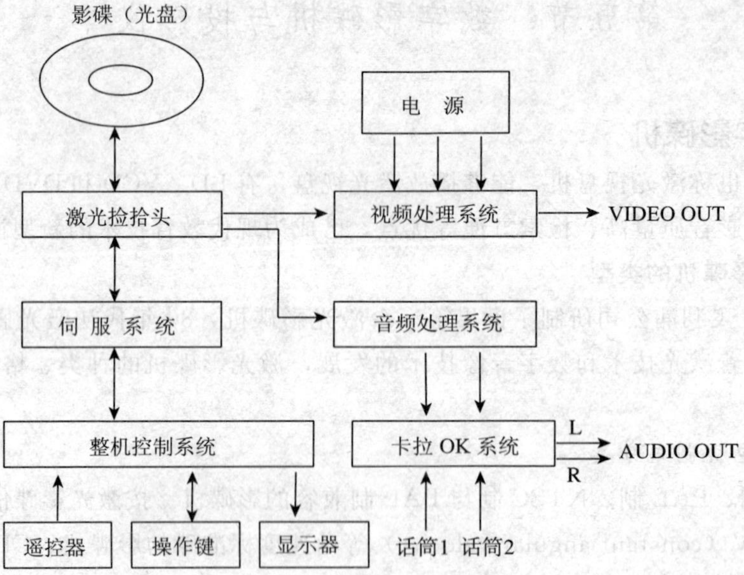

图3-10　数字影碟机的组成

2. 伺服系统

主轴伺服系统、进给伺服系统、聚焦伺服系统和循迹伺服系统，用来保证激光头从光盘上准确地拾取信息。主轴伺服系统使主轴电机作恒线速度或恒角速度旋转；进给伺服系统带动激光头沿着光盘上的信息轨迹从最内圈移到最外圈，或在快速搜索（寻迹）时使激光头快速移动；聚焦伺服系统控制激光头物镜作上下移动；循迹伺服系统使激光头物镜作径向微动，保证激光束跟踪光盘上的信息轨迹。LD机还设置了倾斜伺服，使整个激光头微动旋转，以保证读数光束始终与因高速旋转而发生翘曲的盘片信号面保持垂直关系。

3. 视频处理系统

不同格式的数字影碟机有不同的视频处理系统。LD影碟机的视频处理系统是将激光头捡拾LD影碟上的模拟视频、调频调制信号解调为视频信号输出（VIDEO OUT）；VCD影碟上的视频记录信号是经过MPEG-1数字压缩编码。它是利用人眼的视觉特性，将一帧内不变化的图像和单纯的色彩压缩编码，并且只传送前后帧有动作差别的信息等，将图像的数据量压缩到原来的1/140。所以，VCD影碟机的视频处理系统是将VCD影碟上经MPEG-1数字压缩编码的视频信号解压为数字R、G、B视频信号，再转换成模拟视频信号输出（VIDEO OUT）。

4. 音频处理系统

不同格式的影碟机有不同的音频处理系统。LD影碟机的音频处理系统是将激光头捡拾LD影碟上图像伴音的模拟双声道立体声调频调制的音频信号，解调为双声道立体声的音频信号（L、R AUDIO），将卡拉OK伴音的数字信号转换为模拟双声道立体声信号；VCD影碟上的音频记录信号是经过MPEG-1数字压缩编码。它是利用人耳听觉特性，强音掩蔽附近的弱音。VCD影碟机的音频处理系统是将VCD影碟上经MPEG-1数字压缩编码的音频信号解压为数字音频信号，转换成模拟双声道音频信号（L、R AUDIO）。

5. 卡拉OK系统

其基本功能是将话筒信号进行放大后与影碟重放声音信号混合，再作为AUDIO OUT的输出，此外还有混响、歌曲变调、原唱歌声消除等辅助功能。

6. 整机控制系统

整机控制系统是用来接收用户的按键操作与遥控输入；对各种状态开关进行检测，显示各种信息；对各种机械动作，如出/入盘等进行控制；以及具有各种播放控制功能，如菜单数字键选播、跳跃播放、随机播放、重复播放、快放、倒放等。

7. 电源

向数字影碟机各部分电路提供所需的各种工作电压。

（三）数字影碟机的使用与维护

（1）数字影碟机要在规定的电压、温度与湿度范围内，在防尘、防潮、防震、防磁、防腐等环境下使用。有些新影碟机底板上有两个锁定机内激光头的防损伤螺钉，应先将其旋去。

（2）数字影碟机使用前，要正确连接各种信号的输出插孔。普通影碟机只有视频输出（VIDEO OUT）和音频输出（AUDIO OUT），使用视频、音频线连接；高级影碟机还有分离视频输出（S-VIDEO OUT），使用多芯电缆连接。或有数字光输出（OPTICAL OUT），使用光缆传输线，这些输出效果都要比视频、音频输出效果好。

（3）数字影碟机使用时，要水平放置。只有单面记录信息的影碟，要将其信息面对着激光头。

（4）对于数字影碟机的激光头物镜的尘垢，可用照相机的镜头刷轻轻刷去尘垢，再用橡皮吹气球吹去剩余的尘埃。千万不能用镜头纸或清洗喷雾剂之类的化学溶剂擦洗。

二、视频展示台

（一）视频展示台的组成与功能

视频展示台，又叫实物投影仪。它由一部微型摄像机、照明灯光和透光灯箱等组成，如图3-11所示。视频展示台将视频信号输出给视频投影机，视频投影机再将其图像展示出来。视频展示台不仅可以把教材、幻灯片、投影片和实物的影像放大到视频投影机及其银幕上，而且可以换上显微镜与显微镜接驳头后，直接获取显微图像或显微镜里的图像。有数码视频信号输出的视频展示台，可将图像输出给计算机，采集其图像制作多媒体课件。有负/正片反转电路的视频展示台，可将幻灯负片的图像反转展示为正像。

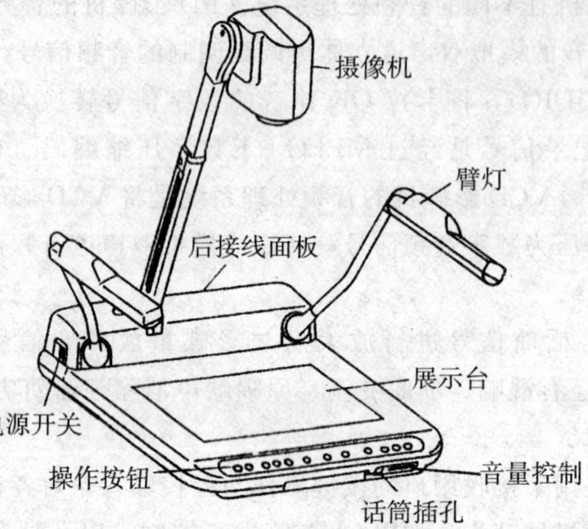

图 3-11　视频展示台

（二）视频展示台与多媒体设备的配接

1. 视频展示台与投影机的配接

将视频展示台的视频、音频的输出端口（VIDEO OUT/AUDIO OUT）与视频投影机的视频、音频输入端口（VIDEO IN/AUDIO IN）用视频音频线连接起来，如视频展示台有分离视频信号输出口（S-VIDEO OUT），视频投影机亦有分离视频信号输入口（S-VIDEO IN），则可用多芯电缆将它们连接起来以获得好效果。

2. 视频展示台与录像机的配接

将视频展示台的视频、音频的输出端口（VIDEO OUT/AUDIO OUT）与录像机等设备的视频、音频输入端口（VIDEO IN/AUDIO IN）用视频音频线连接起来。

3. 视频展示台与计算机的配接

将展示台的视频输出口（VIDEO OUT）与有视频采集卡的计算机的视频输入口（VIDEO IN ）连接。

（三）视频展示台的使用与维护

（1）将视频展示台视频、音频输出端与视频投影机的视频、音频输入端连接。

（2）打开视频展示台的顶盖，打开微型摄像机的镜头盖。

（3）接通 220V 交流电源，打开视频展示台的电源开关。

（4）展示一般非透明资料时，打开台灯开关。

（5）展示透明资料（投影片或幻灯片）时，打开底灯开关。

(6) 展示资料放在展示台上，旋转变焦环，在银幕上选择投影的尺寸。

(7) 调整聚焦环，使影像最清晰。

(8) 使用后，按照与开机相反的顺序关闭视频展示台。

三、多媒体数字投影仪

数字投影仪既可同步显示计算机上的图形、图像信号，亦可显示摸拟视频图像信号，一般称为多媒体投影仪。多媒体计算机系统应用于课堂教学时，比较理想的输出设备是彩色动态多媒体投影仪。

(一) 多媒体数字投影仪的类型与原理

根据成像器件与技术的不同，投影仪可分为以下几种。

1. CRT 投影仪

这类投影仪的成像器件为 CRT 管。构成图像的三基色（R、G、B）信号分别在红、绿、蓝三个 CRT 管上扫描成图像，并经过透镜投射在大屏幕上会聚成彩色图像，具有高亮度、高清晰度、高分辨率、色彩自然丰富、适应性强、寿命长等特点。

2. 液晶投影仪

这种投影仪的成像器件是液晶板（LCD 像素板），光源是金属卤素灯，通过复合透镜及分光镜（二向色镜）控制其颜色光线透过，形成三束光，分别透射过红（R）、绿（G）、蓝（B）三块液晶板（早期产品是通过单块液晶板），再经过光学棱镜和投影镜头，形成大屏幕图像。其特点是亮度高、体积小、重量轻、自动调整功能强、使用简单、携带方便、价格低。但分辨率提高不大，光源寿命较短，色彩还原不完全。

3. 液晶光阀投影仪

这种投影仪采用的是新型液晶光阀技术，成像器件有液晶板或 CRT 管，其共同之处是在成像元件前有固态图像光放大器，图像光在经过光学镜头后形成超高亮度、超高对比度、超高分辨率的高质量画面，但目前此种投影仪的价格颇高。

4. DLP 投影仪

DLP 投影仪（digital light processing）亦称数字光处理投影仪，是采用数字微反射镜器件 DMD（digital micomirror device）作为光阀成像器件，采用数字光信号处理技术（DLP）调制视频信号，驱动 DMD 光路系统，通过投影镜头获取大屏幕图像。DMD 采用了全数字技术，图像质量高，色彩丰富，稳定性好，图像没有晶格和扫描线等线结构。反射式 DMD 器件的对比度和亮度均匀性都比透射式 LCD 好。

(二) 多媒体数字投影仪的功能

彩色多媒体数字投影仪不仅可接收来自多媒体计算机和视盘的数字信号，还可接收放像机、摄像机、实物展示仪、电视高频头输出的模拟信号。一些多媒体投影仪还配置了红外遥控器和电子教鞭等；有的投影仪内置自动近距变焦；有的遥控器亦可作计算机的鼠标使用，还可以用不同的颜色标注重点；有的投影仪具有话筒输入、立体声输出功能；有的投影仪还具有多路信号输入，投影影像自动分屏功能；有的投影仪还具有不同颜色画笔的功能。

（三）多媒体数字投影仪的技术指标

1. 明亮度

投影仪的亮度输出以流明（lumen）为单位，目前有安士（ANSI）和勒克斯（LUX）两种标准。流明度越高，影像越光亮清晰。

2. 分辨率

投影仪分辨率用投影图像行与列的像素数来表示。一般有 640×480、800×600、1 024×768 和 1 280×1 024 等几种。

3. 散热结构和灯泡的使用寿命

不同的灯泡类型，散热结构不同，灯泡的使用时间亦不同。目前常用的液晶板投影灯泡类型有两种：金属卤素灯、UHP 冷光源灯泡。

除了以上主要技术指标外，投影仪还有对比度、颜色、调焦、变焦（手动、自动）、体积和重量，以及控制菜单调整、界面遥控鼠标、正投、背投等性能特点。

（四）多媒体投影仪的使用

1. 遥控器的使用

投影仪一般都配置无线红外线遥控器，有的还在遥控器上设置了鼠标功能。通过遥控器可以完成对图像的放大、缩小、对焦、亮度调整等功能的操作。

2. 投影信号的分配

随着信号输入系统的不断增加，如有的场合除了连接计算机信号外，还要与多台视频系统（如录像机、VCD 机、数码相机等）连接，或与多台外接显示设备（如电视机、VGA 彩色监视器等）连接，这时，就需要利用相应的输入输出信号分配器来配置同时接驳的多台视频输入输出设备和计算机。

3. 投影方式

根据用户的需要，投影仪可作正投、背投、倒投（悬挂）三种投影方式，如图 3－12 所示。背投方式需要投影仪对投射的图像具有反相的功能（左右换位），用背投方式获得大面图像时，所占的场地较大，通常采用一次反射、二次反射来缩短背投距离。倒投方式需要投影仪对投射的图像具有倒相的功能（上下颠倒），常用在投影仪吊顶装置的环境下使用。正投和倒投均在投影面（投影屏幕）的前部，受环境光源影响较大。

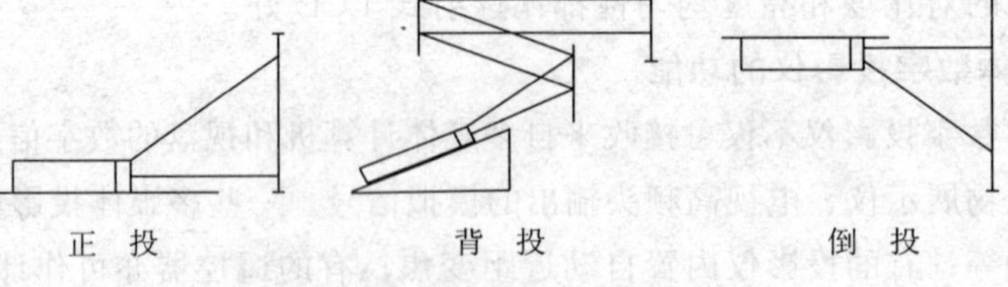

图 3－12　多媒体投影仪的投影方式

在超大面积的投影环境下需要多台投影仪进行投影面的拼接，除了硬件的拼接连接外，还需要有拼接的软件系统来支持，才能达到微缝或无缝的拼接、拼图、组合拼接的效果。

4．投影屏幕

采用的屏幕类型也直接影响使用效果，一般以投影面的反射率和增益的高低来衡量投影面的显示效率，如通常使用的软幕（玻珠幕）投影效果比起硬幕（金属幕）来就明显差些。在投影幕中有支架软幕、电动幕、背投软幕、硬幕（金属幕）、背投硬幕等多种类型。

5．连接接口

（1）RGB 输入输出接口

通常 CRT 三枪投影仪采用的是单独的 R、G、B 三个 BNC 接头，液晶投影仪采用 15 针孔为 RGB 接口，另一头与所要投影的计算机显示卡接口相连，这是投影仪的主要输入输出接口。

（2）AV 接口

音像设备之间使用音频（audio）和视频（video）信号进行连接，简称 AV 接口，这类接口是通用的标准莲花头插孔，一般用白色、红色表示立体声的左（L）、右（R）声道，用黄色表示图像通道。

（3）S-VHS 接口

通常称为 S 端子，这是专用于音像设备间进行高质量图像信号传输的接口，为圆形的插头、插座，正常观赏音像节目时需要与声音连接配合使用。

（4）MIC 接口

通常称为扩展接口，这个接口可外接音频功放，用于将音频信号进行放大处理。

第六节　数码投影教学软件的编制与应用

数码投影教学软件是以静止的直观影像为主，按照教学大纲要求进行编制的，记录教学信息的数码影像胶片、电子投影片或实物投影等。

一、数字投影教材的稿本编写

（一）数字投影教材的选题

根据教学需要、教学目标、教学内容与教学对象来确定选题。选题要求：

（1）有助于解决教学中的重点、难点问题；

（2）内容要适合于用数字投影手段表现；

（3）每套数字投影教材的主题应单一。

（二）数字投影教材的选材

围绕主题从生活和教学实践中广泛搜集素材，选取能代表教学内容的难点、重点和典型事物。画面是选择实景、照片、图片、模型还是多媒体，哪种材料能达到预期的效果，这都需要考虑。

（三）数字投影教材的稿本格式与创作

创作前，要在头脑中“过电影”、“打腹稿”，用主题思想贯穿素材，编写提纲。该用哪些素材，哪些作为重点，各个细节怎样编排，如何衔接，怎样进行形象化的表达，头尾如何呼应，等等，也就是进行整体构思，理清脉络。

1. 稿本与格式

教学软件的文字表达形式叫稿本。稿本以教学性、科学性为主，还要运用艺术手法来加强内容的表现力，以便提高教学效果。不同媒体的稿本格式是不同的。数字投影教材的稿本格式，一般有片号、教学内容、技巧、画面设计、解说词、使用说明等栏目，如表3－1所示。在稿本的前面还有简短的说明，说明使用的年级、学科、课程、课题、教学目的以及片型等。

表3－1 数字投影教材的稿本格式

片　号	教学内容	技　巧	画面设计	解说词	使用说明

2. 稿本创作

数字投影教材的稿本创作要主题明确、抓住重点，要科学准确、真实生动，要尽可能利用正反对比提高教学效果，表现要深入浅出、形象具体，叙述要直截了当、开门见山，说明文字要通俗易懂、符合学生水平。

（1）片号

每套数字投影教材的序号。

（2）教学内容

教学内容是指数字投影教材所对应的文字教材中的章节内容等。

（3）画面设计

在稿本的画面上要设计一个简单的草图，草图即使画得很粗糙，也是教学内容的具体体现，有重要的参考价值。

（4）解说词

数字投影教学软件一般是供教师在课堂教学中边放边讲、边讲边用的。解说词可以帮助教师了解和挖掘画面内容，便于学生理解和接受。当软件作为自学与复习使用时，最好配有录音解说。解说词要精密地配合画面内容的分析、讲解。

（5）使用说明

数字投影教材是通过画面来表达主题思想的，如果没有文字说明，使用者也难以理解画面的意图；所以还需编写使用说明，写明画面的使用和教学方法等，以供参考。

二、数码投影教学软件的制作

1. 数码影像胶片

利用计算机外围设备输入数码影像，如用扫描仪将照片、图片或书刊、杂志的插图或文字扫描到计算机中，或将数码相机和数字摄录一体机中的数码影像输入计算机中，然后利用图像处理软件（如 Photoshop）对数码影像进行各种加工。最后用数码胶片打印机将处理后的影像复印到胶片上。

2. 电子投影片

利用数码影像输入设备，如用数码相机记录的数码影像或用数码胶片扫描仪扫描胶片的正片或负片成数码影像，输入到计算机中，然后用影像处理软件（如 Photoshop）对数码影像进行各种加工，再利用计算机软件将其组合制作电子投影片。利用 PowerPoint 软件制作电子文稿，能很简便地将各种图形图像、音频和视频素材插入到电子文稿中，可以用电子幻灯片的形式进行演示，适用于学术交流、演讲、工作汇报、辅助教学和产品展示等需要多媒体演示的场合。

3. 实物投影

利用视频展示台不仅可以把教材、书刊、图表、图形、照片、幻灯片、投影片和实物的影像放大到视频投影机及其银幕上，而且可以换上显微镜与显微镜接驳头后，直接获取显微图像或显微镜里的图像。

三、数字投影教材的教学方法

1. 图片教学法

利用数字投影教材的图形文字来讲授教学内容，是数字投影教学中最基本、最常用的一种方法。教师还可以利用数字投影教材提出问题，指导学生进行探究性学习。

2. 引导教学法

利用数字投影教材教学时，分步遮挡胶片显示或利用数码特技分步电子投影，逐步显示教学内容，引导学生由简到繁、由局部到整体、由表及里地去认识事物，掌握知识，培养能力。

3. 示动教学法

利用动画式投影片能表现各种运动，以位置变化或流动等活动效果，讲解教学内容的重点、难点和关键问题。

4. 交互教学法

教师和学生利用多媒体电子投影片，交互呈现各种图形图像、音频和视频的教学内容，进行自主式、协作式的交互学习。

5. 声画教学法

利用配有解说、音乐的声画同步数字投影教材，以增强教学效果。例如，在语文、外语的教学中，利用声画同步教学法，进行标准音的朗读、对话等。利用配有解说、音乐的数字投影教材还可以用于学生的个别化自主式学习。

思考题

1. 数码相机由哪几大部分组成？它的工作原理是什么？如何使用？
2. CD唱机由哪几大部分组成？它的工作原理是什么？如何使用？
3. 数字影碟机由哪几大部分组成？它的工作原理是什么？如何使用？
4. 视频展示台由哪几大部分组成？它有什么功能？如何使用？
5. 简述多媒体数字投影仪的功能及使用方法。
6. 数码投影教学软件有什么特点？它可以分为哪些主要类型？
7. 试述数码投影教学软件的制作。

第四章 数字教育电视节目制作与应用

科学技术的进步，现代信息技术的飞速发展，使教育电视节目制作技术进入了数字化时代，向数字化、网络化方向快速发展；数字教育电视节目的应用向着多渠道传播、多样载体形式、多种媒体组合应用、天地网结合的方向发展，为资源共享、自主学习创造了条件，促进了教育教学改革。

第一节 数字教育电视节目制作概述

一、数字教育电视节目制作的含义

数字教育电视节目制作是指在教育电视节目制作中，运用多媒体计算机软硬件技术对数字化的电视信号进行处理，在数字化的环境中完成教育电视节目的前、后期制作。这里的数字信号可以是直接产生的数字信号，如数字摄像机产生的数字信号、计算机软件生成的数字信号等；也可以是由模拟信号经过数字化过程后产生的，如经过视频与音频采集卡获得的数字信号等。

二、数字教育电视节目制作的特点

（一）利用数字技术控制电视制作设备

电视节目制作中的设备控制大部分采用各种专业的电子控制台，如调光调音台、摄像机控制台（CCD)、导播切换等。这样，一台节目的制作需要众多的操作人员参与，人海战术使工作显得繁琐。于是人们开始尝试开发计算机软件来控制它们。如对灯光设备的控制，首先用计算机CAD辅助制图软件绘制演播室的布光图，为每一种灯位、灯具设置诸如色彩、亮度、柔和度等不同的参数。使用时，只要进行一定的选择，相应的灯位得到控制，拍摄现场也得到相应的照明效果。当然，也可利用新技术对摄像机、后期制作设备、编排播放设备，甚至背景、道具等实施不同程度的控制。

（二）利用数字技术对节目进行艺术加工

利用数字技术对节目进行艺术加工或创建动画、情节。可以用计算机图形设计软件和动画制作软件如 Freehand、CorelDRAW、Animator、3DMAX 以及平面图像处理软件

Photoshop 等，让创作者充分发挥想象，随心所欲地创建动画“演员”、“道具”，构建情节和对现有的画面进行再创作。同样，也可利用计算机音频软件如 Sound Design MIDI Orchestrator 等来创建乐曲、自然声等音响效果。

（三）利用非线性编辑系统进行后期编辑

目前，传统的以磁带为介质的线性编辑已逐步被以硬盘为介质的非线性编辑所替代，因为非线性编辑有其独特的优点：信号损失大幅下降，素材使用方便，功能齐全，具有开放的特性。

（四）利用网络技术实现资源的共享和传输

制作好的教育电视节目在网络中传送，各制作部门就可以随时查阅或使用其他部门所做的节目。另外，若干套非线性编辑系统的连网，可让资源共享，一个节目可由一个部门完成，也可由几个部门合作来完成，这样既节省时间、资金，缩短节目制作周期，又方便部门之间的运作。

（五）利用虚拟演播室制作教育电视节目

目前，国内较好的虚拟演播室采用先进的图形算法和跟踪技术，通过数字光电传感系统和专业色键，最终实现演播室的演员与三维虚拟教育场景的无缝合成。

三、数字化电视节目制作的发展

（一）数字化电视节目制作的发展历程

数字化电视节目制作技术的发展是与计算机软硬件技术的发展密切相联的，大致经过了以下几个重大发展历程。

1. 计算机参与节目制作

计算机诞生之后，早期的产品还是一个庞然大物，应用范围也局限于有限的几个领域。电视节目中最早应用到计算机是在 20 世纪 50 年代的美国总统大选节目中，用它来计算大选的票数。

2. 计算机编辑系统的应用

从 60 年代开始，随着电视制作中电子编辑技术的发展，计算机参与到节目制作中来，起到了控制编辑的作用，各种各样电子编辑系统的出现给节目制作提供了极大的便利，直到现在也还是主要的节目制作设备。

3. 计算机动画的应用

计算机动画是计算机图形技术在电视制作上的一个成功应用。自 80 年代末以来，计算机动画在广告、片头制作中得到了广泛的应用。现在的电视广告，传统的实际拍摄与电脑制作的模型及特技效果结合得越来越紧密，使广告增添了一种奇妙无比、超越时空和夸张的超自然景观，人们往往会在无意当中就受到它的感染。

4. 电视字幕系统的应用

80 年代末，伴随着字幕机、电视图文创作系统的出现，数字化技术在电视节目制作领域中开辟了一个新的天地。

5. 数字化的影视制作

90年代以来，大量的影视制作都离不开计算机的参与。许多精彩的片段是电脑动画、电脑特技的体现，有的是先制作出电脑图像，电脑动画转磁带，然后磁带转胶片。在教育影视制作领域，日本在2003年制作的纪录片《四大文明》，生动地再现了四大文明古国昔日辉煌时期的历史建筑及当时的人文风俗，如不仔细观看，很难辨别出里面的人物是电脑制作的。

6. 非线性编辑的应用

以非线性编辑为代表的数字化电视后期制作技术在近年来得到了突飞猛进的发展，改变了模拟电视节目的制作方式。电视编辑从最初的机械剪接，后来的电子编辑，到现在发展为运用计算机进行处理的先进的非线性编辑。

（二）数字化电视节目制作的发展趋势

1. 全面数字化

数字化技术不只是运用到电视制作的单一环节中，更重要的是，它参与了从节目的前期准备到完成节目制作的全过程。这不仅出现了数字摄像机、录像机、特技机、切换台等大批运用数字技术的设备，而且大规模的、整体性的数字电视节目系统也日趋完善，出现了全数字电视演播室、全数字电视转播车、数字压缩的卫星新闻采集转播车（DSNG）、数字地面广播（DVB）、数字卫星直播（DTH）等。

2. 虚拟化

计算机、多媒体技术与数字电视技术相结合，产生了非线性编辑系统和虚拟演播室系统。虚拟演播室技术，将计算机与电视技术结合起来，能提供逼真的虚拟空间，将计算机制作出来的背景图像与演播室拍摄的人物完美地结合在一起，从而制作出传统设备无法表现的节目，将人物置于千变万化的虚拟三维空间之中，丰富了电视屏幕。

3. 网络化

多媒体网络技术的出现，为数字教育电视节目制作、播出网络化提供了条件。为了提高工作效率，达到资源共享，可以将多台非线性编辑系统、虚拟演播室系统、动画工作站、音频工作站等各类以计算机为操作平台的系统组成网络，成为一个小局域网的子系统。实现计算机设备、多媒体设备的互联和信息交流共享，并支持虚拟网络之间的信息交换。

4. 信息化

数字化和网络化只是工具，信息化才是目的。信息业务的三大媒体通信、广播和计算机正因广播电视数字化而最终融合，使多种业务能在各种通道中传送。而电视通道有可能成为所有信息业务到达家庭的最佳途径。信息业务将会发生很大变化，不再是简单的声音、图形、图像，而是多种格式和媒体的组合。加强信息源建设，发挥广播电视在节目方面的优势，建立广播影视音像数据库和视频点播节目库，广泛开拓交通、金融、气象、教育、培训、电子商务等多个领域的信息源。

第二节　数字电视节目制作的设备系统

随着数字视频技术的飞速发展，电视正全面从模拟转向数字化。电视视频技术从前期拍摄到后期制作，从最初的模拟复合、模拟分量，发展到数字复合、数字分量、压缩数字分量等，出现一大批如 Betacam-SP、M－2、D－1、D－2、D－3、D－5、D－6，数字 Betacam、Betacam-SX、DVCPRO、DVCAM、Digital-S，卫星新闻采集（SNC），数字磁盘录像机、RAM 录像机等数字化电视摄像设备。应用数字技术使电视节目制作的设备系统三大技术指标：清晰度、灵敏度、信噪比，有了大幅度的提高。

一、数字摄像机

数字摄像机是数字教育电视节目制作的必需设备之一。其作用是将光信号转变成数字音、视频信号，并将数字音、视频信号记录在 DV 带上或磁盘里，供后期编辑制作用。

（一）数字摄像机的特点

1．具有超高解像度的清晰画面

数字摄像机采用数字压缩记录系统，图像分辨率高，可以获得极为清楚的图像和非常逼真的色彩，画面清晰细腻。

2．具有卓越无比的高保真音质

数字摄像机采用高质量 PCM 数字立体声录音系统，其信噪比高、动态范围和低噪声性能都非常好。立体声变焦话筒能根据变焦位置分别调整其灵敏度，能够从立体声广角至高指向性变焦，以多档快速调节话筒，使声音始终和图像完全匹配。

3．摄像机小巧精致

数字处理系统将光学、电子学和机械学最先进的技术相结合，在确保耐久性和精确度的基础上，使摄像机变得更加精巧，有效地缩减了摄像机的体积，可以一手在握。

4．影像无损失

全数字摄录一体机的信号在系统内部一直保持数字形式，因此图像质量高、画面自然，可避免由于多次转换、翻录、传输所引起的影像分辨率的损失。

5．彩色液晶显示屏

彩色液晶显示屏能够用鲜艳的色彩来呈现更加明亮清晰的画面，并且可以在拍摄时随时查看拍摄效果。

6．全自动数字化功能

自动跟踪白平衡是在环境色温发生变化的情况下，能实现白平衡自动跟踪。全电平控制系统使操作数字摄像机变得简单且保持了低噪声的特性。肤色自动光圈功能用来控制镜头光圈，以保证画面中由肤色细节控制部分设定的区域，始终保持相同的视频电平。先进的自动曝光模式，为不同摄录情况自行选定最理想的光圈。

7. 数字特技与数字标题

数字特技效果可为平凡的画面倍添无限创意。

8. 具有数码相机的拍摄功能

数字摄像机拥有百万像素的电荷耦合器支持，配备 IC 存储卡，可存储高质量的静止图像近百张，并能很方便地将图像传送到电脑或打印机进行任意编辑加工。

（二）数字摄像机的类型

数字摄像机按质量可分为家用级、专业级、广播级三种。

1. 家用级

家用级也称民用级，是以普通家用为目标设计的。一般体积小，重量轻，价格便宜，性能稳定，操作方便。全球通用的 DV（digital video）格式是一种家用级数字格式。

2. 专业级

专业级也称准广播级，其各种指标均比广播级的要低，但清晰度、信噪比、色彩重现的准确度都足以满足一般企事业单位及学校教育电视系统对图像质量的要求。

3. 广播级

广播级摄像机的图像技术指标和调整精度都高，图像质量好，价格贵。主要用于电视台、广告公司和电视剧制作单位使用。

二、数字录像机与数字硬盘录像机

（一）数字录像机

数字记录、编辑已成为当今电视领域技术发展的主流。在电视节目制作过程中，最能体现数字化给图像带来好处的环节是录像机，它经多代复制基本上不影响图像质量，其核心为数字记录技术。数字录像机按数码记录格式分为非压缩和压缩两大类。

1. 非数码压缩记录格式

非数码压缩记录格式的录像机有 D1、D2、D3、D5 等系列，它是以原有信号码率直接记录输入信号，保持了信号的原有水平，为无损记录；记录方式又分数字分量（D1、D5）和数字复合（D2、D3），它们代表了录像机设备最高标准，图像质量最高，信号损失最小，但由于图像信号数据量很大，对机器硬件的要求极其苛刻，价格非常昂贵，虽然产品已问世数年，但仅有少数对画质要求极高的广告公司等单位使用，在国内各电视台未能推广。

2. 数码压缩记录格式

使用数码压缩记录格式的数字录像机，在保证图像质量没有明显降低的前提下，采用数码压缩技术来降低码率，从而降低信号处理和记录的难度及成本，实现了后期编辑处理均在数字环境中进行。数码压缩记录格式的数字录像机的综合性能价格比明显优于模拟设备，为电视台设备由模拟向数字过渡提供了技术上和经济上的可能性。

采用数码压缩方式记录的产品有数字 Betacam（DVW）、数字 Betacam-SX、DVCPRO、Digital-S、DVCAM 等。压缩算法分两种：一种是帧内或场内压缩算法，一种是帧间压缩算法。采用帧间压缩算法须有与当前帧相关的前后帧来进行预测，因此编辑时一般需配硬盘或带预读系统的 Betacam-SX 设备。由于采用了帧间 MPEG－2 压缩技术，因此可实现较高的压缩比。

录像机要有逐帧编辑功能，大部分压缩格式录像机均采用帧内压缩技术。如 DVCPRO、Digital-S 等系列。Digital-S、Betacam-SX、DVCPRO 等低价位数字录像机的出现，立即成为数字记录设备的主流产品。它们之间没有兼容性，不同的录像格式分别具有不同的应用场合。

（1）Digital-S

广播专业用数字录像机 Digital-S 录像机格式是 1995 年 4 月日本推出的一种新型的广播专业级数字录像机。它是以 S-VHS 技术为基础开发的具有高效编码数字技术 S 格式的录像机，它重放 S-VHS 的图像信号，录像带宽度为 1/2 英寸，采用 4∶2∶2 取样，以 50Mb/s 的数字取样速度进行内部帧编码（M-JPEG），压缩比为 3.3∶1。

（2）Betacam-SX

Betacam-SX 是盘带结合型数字录像机，它采用了 MPEG－2MP@ML 的扩展 4∶2∶2 P@ML标准。因此，该录像机在保证高图像质量的同时有较高的压缩比（10∶1），配合硬盘的机型可现场作非线性编辑，配备 SDDI（serial digital data interfare）接口的录像机可用同轴电缆以四倍重放速度传送记录的数据。

4∶2∶2P@ML 压缩方案的内涵是以 MPEG－2 标准中主类主级 MP@ML（main profile at main level）的图像质量和传输码率为参考标准，同时考虑传送素材和制作的需求，将主类主级中的 4∶2∶0 取样改为 4∶2∶2 标准取样，相对提高了传送素材的质量。

（3）DVCPRO

DVC（digital video cassette）是世界上五十多家公司联合制定的家用 DV 数字分量录像机。DVCPRO 是一种充分挖掘和拓展了家用 DV 数字录像机格式，其最大的特点是小盒带和长重放时间。由于使用 1/4 英寸的磁带，使得磁带传送机构也相应缩小了。它的压缩方案对所有可能的参数如压缩的损伤、运动码率、图像主观质量、耐用程度、多代复制性等进行了综合考虑，从而产生了一种从普通数字电视到高清晰度电视，包括各种级别的综合系统。对普通电视信号采用 4∶2∶2、4∶1∶1 或 4∶2∶0 数字分量，由于保持了亮度分量的全部样值，分辨率是很高的（与 D1、D5 一样），4∶2∶2 使用的压缩比为 3.3∶1，码率为 50Mb/s；4∶1∶1 和 4∶2∶0 使用的压缩比为 5∶1，码率为 25Mb/s。

（二）数字硬盘录像机

电视节目制作需要存储大量的数据，即使压缩后的图像、图形和声音信号，仍然要占据很大的存储空间，因此发展高密度、大容量、高效率、低成本的数据存储介质是电视数字化的关键。近几年来硬盘的制造技术发展很快，单个硬盘容量已做到几十 GB；如果将多个硬盘组成阵列，可使在线容量达到几百 GB 甚至更大的容量。硬盘录像机则是大容量存储硬盘技术发展和计算机技术发展相结合的产物。这种录像机存储全数字的视频信号，存储容量大，传输速度快；连接因特网，可实现信息交流；还可连接成局域网络，实现信息资源共享。它有多路串行数字输入与输出接口以及多路模拟信号输入、输出接口，可进行多路同时录像和放像，在录像时可进行回放，对已录的图像可进行非线性编辑，可做一些普通的数字特技；变速重放，可实现实况现场的多路慢动作回放和非线性分段播放，具有延时播放的功能。

三、非线性编辑系统

（一）非线性编辑

1．非线性编辑的含义

非线性编辑是以计算机的硬磁盘为记录媒体，在硬磁盘中的镜头素材已成为数字化的视频、音频信息，它是按照磁盘操作系统规则进行分配的，可以随机访问，以任意顺序调出任何镜头而不经过前面的镜头，所以在电视节目编辑过程中可以对镜头素材进行随机存取，不按时间顺序记录或重放编辑。非线性编辑是把输入的各种视音频信号进行模数转换，采用数字压缩技术，存入计算机硬盘中，将传统电视节目后期制作系统中的切换台、数字特技机、录像机、录音机、编辑机、调音台、字幕机、图形创作系统等设备，集于一台计算机中，利用计算机、视音频处理卡、视音频编辑软件所构成的系统对电视节目进行后期编辑和处理的过程。在编辑中可以随意完成 A/B 卷或多通道特技、动画制作、字幕叠加、配音配乐等功能。

2．非线性编辑的特点

（1）编辑方式非线性化

非线性编辑系统可以任意打乱、随意调整镜头素材的顺序，完全抛弃线性编辑系统那种按工作顺序和电视节目顺序来完成相应操作的线性工作方式，实现了非线性化编辑，镜头可以按不同顺序、不同长度排列，镜头组可以任意移动位置；可以任意进行剪辑、修改、调动画面前后顺序，为编辑制作带来了极大的方便；可以随机、快速地检索特定的镜头素材，不用通过顺序的方式到达指定位置。记录检索方式为随机存取，省去了磁带录像机线性搜索编辑点的卷带时间，不仅大大加快了编辑速度，提高了编辑效率，而且编辑精度可以精确到零帧。

（2）多种功能一体化

线性编辑系统是由编辑录像机、特技台、字幕机、调音台、时基校正器和切换台等设备组成。因此，联机复杂，易出故障。非线性编辑系统是集所有这些设备的功能于一体，在计算机操作平台的同一环境下，将图像、图形、动画、字幕、声音进行数字化综合处理，对活动图像进行动画和虚拟演播室处理的电视节目后期制作设备。所以，减少了设备所占的体积、空间以及设备之间的连线、接口，使得设备故障率下降，同时免去了信号之间的重复转换，提高了信号的质量。

(3) 信号处理数字化

线性编辑方式处理的视频、音频均为模拟信号，编辑、修改及复制过程中信号损失较为严重。非线性编辑过程是数字化信号处理过程，无论是对录入的视音频素材进行反复编辑、修改，还是编辑多层画面、多轨音频与多层特技、动画，基本上都实现了无复制损耗和无损编辑（但数字化与压缩仍有少量信号损失）；而且，视音频数据写入与读出时，不存在线性磁带录像机的磁头磨损和磁带磨损等问题。

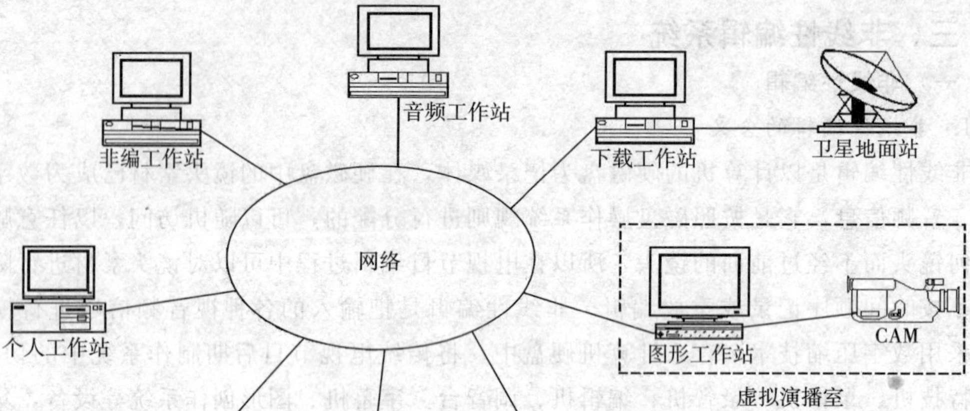

图 4-1　非线性编辑网络系统

(4) 素材来源多样化

由于非线性编辑系统处理的是数字信号，从而除采集来自于摄像机、录像机等设备的视音频素材外，还可以将来自扫描仪、数码相机等外部设备的图形以及计算机内部各种软件制作的动画、图形、文本、音乐、MIDI 等极其方便地融于自己的节目制作之中，使视频、音频素材更加丰富、多样化。

(5) 资源共享网络化

非线性编辑系统采用了计算机操作平台，易于联成网络，每个用户都能共享网络资源。如图 4-1 所示。

(二) 非线性编辑系统的组成与原理

非线性编辑系统是能够对视频、音频信号进行采集、重放、处理和编辑的计算机系统。通常由硬件平台和软件平台两大部分组成。

1. 硬件平台

从硬件角度看，非线性编辑系统是一个扩展的计算机系统，由一台高性能的计算机、视音频处理卡（又称视音频卡或非线性卡）、专用卡（如特技卡、字幕卡等）、用于存储视音频素材的大容量 SCSI 硬盘阵列和视音频外围设备（如录像机、电视监视器、话筒和音箱等）等几大部分组成。如图 4－2 所示。

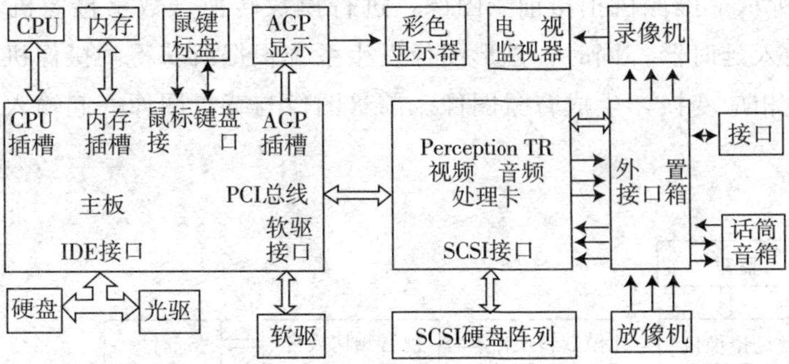

图 4－2　非线性编辑系统

2. 软件平台

非线性编辑系统的硬件平台只能完成视音频素材的采集、存储、播放，要完成非线性编辑还必须配以相应的软件平台，对视频、音频进行编辑处理，并能完成图形处理、二维和三维动画制作、变形等功能，丰富制作手段。

总之，非线性编辑系统首先对输入的视音频信号进行模数转换，即将视音频信号经过模数转换接口、视音频卡转换成数字信号，经过编码压缩存储到高速硬盘阵列上；然后，根据电视节目分镜头制作稿本，利用非线性编辑软件及多媒体软件对这一数字化的视音频信号进行交互式综合处理，包括各种特殊效果处理、声音的合成、字幕的叠加，形成完整的电视节目；最后，从高速硬盘阵列上将视频节目送到相应的视音频卡，进行解压缩还原等，经数模转换接口送到各种录制设备中。

四、虚拟演播室系统

（一）虚拟演播室系统概述

虚拟演播室系统是在色键特技的基础上发展起来的。色键特技是将电视演播室蓝色幕布前的人和景物（前景），叠加在另一个作为背景的图像或活动视频上，从而获得经济而丰富多彩的电视特技画面。色键特技的主要不足在于：背景图像与前景图像无法保持“联动”。也就是说，色键特技没有保持背景和前景之间的空间关系及正确的透视关系，使得前景没有“融入”到背景中，导致合成图像失去真实感，从而限制了色键特技的应用范围。虚拟演播室系统能解决这些问题。虚拟演播室系统通过先进的传感技术跟踪摄像机镜头的运动状态并获得其运动参数，然后将该运动参数传递给计算机，由计算机控制图形工作站中的虚拟布景（背景图像）随摄像机镜头运动参数产生变化，解决了前、后景之间的“联动”问题，使合成图像具有正确的透视关系。

（二）虚拟演播室系统的组成与原理

虚拟演播室系统是一套由计算机主机与软件、现场摄像机、摄像机跟踪器、图形图像发生器，以及模数转换器、视音频切换台、延时器、色度键控器构成的电视特技制作系统。如图 4-3 所示。摄像机拍摄前景图像，进行模数转换（数字摄像机不需要此过程），经过切换台，输入延时器；同时，图形图像发生系统根据所获得的摄像机移动参数，控制虚拟场景，产生相应变换，生成背景图像。前景图像与背景图像一起输入色度键控器合成输出。

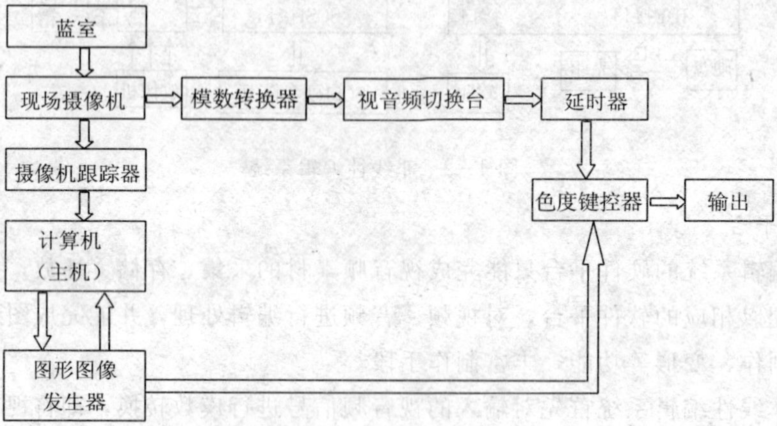

图 4-3　虚拟演播室系统

1. 蓝室

虚拟演播室与传统演播室大不相同，它是以计算机三维动画“虚拟”出的场景取代道具实景为主要特征。摄像机所拍摄的蓝色实景现场叫做蓝室，已不是一般意义上的主持人或演员活动的地方，而是虚拟画面应用空间的组成部分，它的实际意义仅仅是其空间场地尺寸的大小。现场所有布景全部由单一的蓝色所取代，作为将来抠像的基准色。图像的前景是不同机位的摄像机拍摄到的主持人的画面素材。主持人所在的实景现场的全部蓝色区域将被合成到计算机三维动画生成的虚拟场景中。虚拟演播室的摄像室一般是由一面或多面蓝墙和蓝色的地板组成的蓝室。真实蓝背景的大小，看虚拟场景可容纳多少演员活动来决定。演员背后的更大的蓝色墙壁允许多种类型的摄像机进行尽可能的摇移。建立蓝色的边墙可以扩大视野范围，得到最大的视角。地板应大到包括阴影。圆滑的角落可以帮助减少灯光的明暗差异。

2. 虚拟演播室专用摄像机

专用摄像机的数量通常为两到三个。虚拟演播室用的摄像机配有运动检测和识别系统，即摄像机跟踪器，用来获取摄像机的运动参数，包括镜头运动参数、机头运动参数及空间位置参数等。摄像机跟踪器的跟踪方式有机械传感系统和光学图形识别系统两种。机械传感跟踪技术的系统一般是用串行线将摄像机上的传感器与一台计算机相连，计算机根据传感器上传来的数据可以计算出摄像机摇摆、俯仰、拉伸等参数，并将这些参数传送到背景图形图像发生器，背景图形图像发生器再根据这些参数生成虚拟场景。采用图形识别跟踪技术的系统则略有不同，该技术从摄像机拍摄到的前景图像中获得摄像机运动参数。切换台将前景信号送到延时器的同时也将信号送到一台数字处理器上，通过数字处理器的工作，计算出摄像机运动参数，再将参数输入背景图形图像发生器生成虚拟场景。

3. 计算机主机与图形图像发生器

虚拟演播室系统配备的计算机既有基于 Windows NT 系统平台的 PC 机，也有基于 Unix 系统的图形工作站。它像一个小型计算机网络，主机为网络中心。它是虚拟演播室的控制中心，是虚拟演播室电视节目制作的“导演台”。它除了调用和调整事先做好的三维虚拟场景外，还负责向图形图像发生器传输图像数据及处理由摄像机跟踪器传来的摄像机运动数据。图形图像发生器根据计算机主机传来的摄像机运动数据实时地计算出虚拟的三维电脑场景的运动，以保证其输出的虚拟背景与真实的前景同步。有的图形图像发生器的运算需要数帧的时间，为此，摄像机拍摄的画面要输入延时器，输出一个同样帧数的延时画面，才能确保真实场景与虚拟场景的吻合。

总之，利用虚拟演播室系统的工作过程是：在虚拟演播室中，演员在一间蓝室里进行现场表演，摄像机采集前景视频信号，摄像机上的跟踪系统实时提供摄像机移动的信息，这些数据被送至一个图形计算机，三维计算机图形图像发生器实时产生一个逼真的虚拟背景环境，以蓝色屏幕为背景拍摄的摄像机图像，经延时后与选自计算机的虚拟背景以相同时码进行工作，并通过色度键控器“联合”在一起，实时产生一个组合的特技图像。也就是说，把一组信息实时地传给图像绘制系统，图像绘制系统根据当前摄像机的位置实时地绘制出相应的背景信号和遮挡信号，然后再由合成系统根据遮挡信号来合成前景视频信号与背景信号，形成一个为我所用的视频信号。虚拟演播室系统使演员表演的空间得到扩展，现场的演员可以在虚拟演播室中表演，与三维背景呈现真实的透视关系，同时允许插入视频片断、互相作用的三维特技效果、图形、音频及其他更多的东西。

第三节　数字教育电视节目的设计

一、数字教育电视节目的文字稿本编写

数字教育电视节目文字稿本的前面要附有简要的说明，包括使用学科、对象、目的、任务、主要内容、表达形式、时间长度等几项内容。文字稿本的格式常用声画式，左边写画面内容，右边写解说词。如表 4－1 所示。

表 4-1 数字教育电视节目的文字稿本格式

画面	解说词

（一）选题

即选择确定编制数字教育电视节目的课题。选题有三个原则。第一，选择能充分发挥数字电视节目长处的课题，如需要活动图像与数字特技说明的教学内容。第二，选择教学效益高、制作成本低、制作技术能实现的课题，选择传统教学方法不容易讲清楚的教学重点难点问题、使用面较广的内容作为课题。第三，选择主题单一课题。知识点型与专题型电视教学软件一般只有几分钟至十几分钟，在短时间内能阐明某个知识、技能、定律等，有利于主题的深化。

（二）选材

即选择那些能充分表现该课题教学内容的电视画面素材。这些素材可以有三方面的来源：第一是现成的电影、电视、录像素材；第二是需要录制的外景画面；第三是在演播室录制的画面，如师生的讲述、表演、演示、图片、照片、动画、字幕等。

（三）结构

包括开头部分、主题展开部分、结尾部分。主线要明显，并贯穿全片。开头部分不宜太长，或提出学习要求，或引起学习兴趣与注意。主题展开部分是关键部分，问题的提出与解决要逐步深入，层次清楚；要引导思考，抽象出概念与结论；各个问题的阐述既要相对完整又要互相联系，重要部分可以重复强调。结尾部分是结论性的部分，可重述课题的重要结论，或提出一些值得深思的问题，引起学生进一步学习的兴趣与欲望。

（四）画面

文字稿本的画面是按照一个完整意思去写的。画面要具体、形象、生动、典型，符合科学性与真实性，要有适当的广度和深度，并能将抽象概念创作为生动的视觉形象。

（五）解说词

解说词是文字稿本的另一重要组成部分。画面能提供具体的直观形象，但缺乏抽象与概括能力；解说词正好能进行科学的抽象与概括，两者有机地结合能更好地呈现教学内容。解说词的作用有补充画面、提示画面、概括画面、强化画面和声画结合等，用词注意准确、科学、精练、通俗。解说词有旁白、对白和讲授三种形式。

二、数字教育电视节目的分镜头制作稿本创作

导演用自己创作的总体构思，将数字教育电视节目文字稿本按摄像场景、教学需要、视觉心理、蒙太奇艺术手法，划分成许多一个个可供拍摄的镜头。每个镜头除了用文字阐明所拍摄的具体内容外，还要标明每个镜头的电视艺术处理手法，从而将数字教育电视节目文字稿本创作成为数字教育电视节目分镜头制作稿本。

数字教育电视节目分镜头制作稿本格式，包括镜号、机号、景别、技巧、时间、画面、解说词、音乐、效果声、备注等栏目。如表 4-2 所示。

表 4-2　数字教育电视节目分镜头制作稿本格式

镜号	机号	景别	技巧	时间	画面	解说词	音乐	效果声	备注

（一）镜号

镜号是数字教育电视节目的镜头画面编辑序号，而不是拍摄顺序。电视教学软件制作一般是按场景拍摄，按镜号编辑的。

（二）机号

机号是指用多台摄像机进行摄像时，为了方便导演指挥现场编辑，将不同摄像机进行编号。

（三）景别

景别是指拍摄被摄物的范围大小。拍摄范围从大到小可划分为远景、全景、中景、近景、特写等。

（四）技巧

技巧一般是指两个镜头之间的组接技巧。可分为无技巧组接的切换与有技巧（特技）组接的淡变、迭化与划变等。

（五）时间

时间是指镜头画面编辑的长度，一般以秒为单位，镜头时间的长短可以影响整部数字教育电视节目的节奏。作为电视教学软件，镜头的长短要以中等水平的学生能看清看懂为准。

（六）画面

分镜头制作稿本的画面是按照一个镜头的电视艺术手法去创作的。例如，介绍发电机产生的电经过变压器的高压线输向远方的画面，创作为分镜头制作稿本的画面，按摄像场景分镜头可分为两个镜头摄像：室内拍摄发电机，室外拍摄变压器与高压线。有时还要注明拍摄时的镜头画面组合（几个分画面）和镜头运动技巧，如推、拉、摇、移、跟、升降、变焦与虚、甩、转、晃等。

（七）解说词

解说词要与一个镜头或一组镜头的画面相对应。为了让学生能听清楚电视教学软件的解说词，每秒画面配两至三个字符为宜。

（八）音乐

根据画面内容选定乐曲。恰当地运用音乐，可以起到渲染、烘托主题，增强画面表现力的作用，有助于激起学习兴趣。但如果运用不当，反而会分散学生的注意力。对教学片，音乐的选用要慎重，选用的曲调要与内容情境相协调，节律要与画面节奏相协调。在分镜头稿本的音乐栏内标明用什么类型的音乐与乐名，并注明起始位置。

（九）效果声

效果声是电视画面中各种事物发出的音响效果，恰当运用，可以增加画面的真实感，加强环境气氛，有些音响能揭示客观事物的本质，增强画面的表现力。如表演静电放电的电弧，这时相应的“啪、啪”放电声，是一种必须传递的教育信息。

（十）备注

在摄制过程中，常要根据现场随时修改与调整，导演可在备注栏内写拍摄地点、要求、注意事项、场记等说明。

三、蒙太奇艺术手法

镜头组接，往往需应用到电影的蒙太奇艺术手法。在数字教育电视节目编制中，恰当运用这一艺术手法将能增强数字教育电视节目的表现力。

（一）蒙太奇的含义

蒙太奇是法文 montage 的译音，是建筑学中的一个名词，意思是把各种个别的不同材料，根据总体设计把它装配、构成一个整体。这个名词后来被俄国人借用到电影艺术中，表示按一定艺术目的进行镜头组接。若干个镜头经组接后，能表达一个完整的意思，并产生比每个镜头单独存在时更丰富的意义，这就是蒙太奇的构成作用。例如有这样的三个镜头：

①鲜花；

②玩具；

③女孩熟睡的脸。

当上面三个镜头单独分散存在时，只能说明其个别作用：鲜花就是鲜花，玩具就是玩具，女孩熟睡的脸也只能是女孩熟睡的脸，它们是互不相关的。如果把这三个单独分散的镜头按上述顺序组接在一起，就会产生新的含义，构成一个完整的艺术形象：表现女孩童年的幸福。这种作用比原来三个镜头单独分散存在时的个别作用丰富了，提高了，有了新的思想内涵。总之，蒙太奇艺术手法有压缩时空、创造时空、创造运动、创造节奏、创造思想、构成整体的作用。狭义蒙太奇只表示镜头组接蒙太奇。广义蒙太奇还可以表示镜头内部蒙太奇，如镜头运动、演员的调度等；色彩蒙太奇，如用彩色画面表示现在，用黑白或单色画面表示过去等；以及声画蒙太奇、音乐蒙太奇、音响效果蒙太奇；等等。

（二）镜头组接

1．镜头组接的原则

镜头组接要符合人们的生活习惯和认识规律，因此要遵循以下原则。

（1）镜头组接要合乎逻辑

镜头的组接不是随意的。镜头组接必须合乎逻辑，要合乎事物发展的逻辑，要合乎生活的习惯，要合乎认识和思想的逻辑。

（2）遵循镜头调度的轴线规律

遵循镜头调度的轴线规律拍摄下来的镜头，在进行组接时，就能使镜头中主体物的位置、运动方向保持一致，合乎人们的观察规律；否则，就会出现方向性混乱。如拍摄足球比赛，甲队是射左方球门，乙队是射右方球门，若有一台摄像机从相反方向拍摄，看上去就变成甲队也射右方自己防守的球门了。

（3）景别过渡要自然、合理

表现同一拍摄对象的两个相邻镜头，组接要合理、顺畅、不跳动，须遵守规则有：景别必须有明显的变化，否则将产生画面的明显跳动；景别差别不大时，必须改变摄像机的机位；相同景别不能组接。

（4）动接动，静接静

动指的是画面内主体的运动。如行驶的汽车与骑着自行车快速通过的人群连接，是动体接动体，就能收到流畅的效果，但运动的速度和方向不能差别太大。

静指的是画面主体的静和画面本身是固定的镜头。主体运动的镜头与主体静止的镜头相接时，等运动的要素停下来才能与静止的主体画面连接。同样，运动镜头必须有一个静止一至二秒的起幅时间才能与静止镜头连接。

（5）光线、色调过渡要自然

两相邻镜头的光线与色调不能相差过大，否则也会导致变化突然，甚至会影响学生的注意与思维。

2. 镜头的技巧组接

相邻两个镜头画面的连接，除了通常用的快速切换外，还可以用电子特技进行多种多样的技巧组接，常用的有淡变和划变两大类。淡变有X淡变、V淡变和U淡变等，划变有圈出、圈入、划出和划入等。

技巧组接的形式很多，但必须慎重运用，不能盲目追求花样多，否则效果会适得其反。

3. 镜头组接的转场

时间、场景发生了变化的镜头画面要组接在一起不是容易的事，除上面所用的技巧组接外，也可用切换的方法。常用的转场组接方式有以下几种。

（1）利用动作转场

随着时间的推移，事物已变化发展，这样可利用事物变化发展中的一些动作作为时空变化的组接点。比如小孩已长大成人，可以用这样两个镜头转场：

①从小孩走路的全景推至走动着的脚的特写；

②从走动着的脚的特写拉出一成人在走路的全景。

（2）利用出入画面转场

表现主体从甲处到乙处时，为了省略掉从甲处到乙处的中间过程，可采用走出画面与走入画面的方法。这时应注意保持出入方向的一致性。如学生从家里向右走出画面，切换到学生从左走入课堂画面。

(3) 利用物体转场

同一物体都可以作为转场衔接的因素。比如，教师在家里埋头备课的教案与教师在课堂上讲课的教案是同一物体，通过教案这一物体就能将教师从家里转到教室里。可以用这样两个镜头转场：

①教师埋头备课的近景推向教案特写；

②从教案特写拉出教师在讲台上讲课的全景。

(4) 利用相似物体转场

相似的或同类的物体用作转场衔接也是非常自然、顺畅的。例如，建筑系在讲古建筑时，要介绍各地的古塔，拍摄时就可以用塔顶的相似造型来进行转换。讲完一处古塔以后，镜头推向这一古塔的顶部，再从大体相似的另一处古塔的塔顶拉出来，此时已经换成另一座古塔。

(5) 利用因果关系转场

这是一种利用观众的心理因素来连接镜头的方法。观众总希望看到由某些原因引发出来的结果。比如，眼睛在注视的镜头，应连接被注视的东西；拿起照相机在拍照的镜头，接着应出现被拍摄的景物；举起手枪瞄准的镜头，则应连接手枪所瞄准的靶子；等等。

(6) 利用声音转场

利用解说来转场是比较方便的。上一镜头提出某人、某事、某物、某地，下一镜头便立即出现这一景象。如上一镜头是教师展示恐龙化石的特写，解说："从恐龙化石，可以推断出这一地区的生态环境是怎样的"，下一个镜头就很自然地出现地质历史时期的生态环境。

(7) 利用遮挡镜头转场

前一个镜头的人或物走向或推向镜头直至将镜头遮住，后一个镜头是一个人或物的背面进入画面。如：

①护士从病房往前走前胸遮住镜头；

②护士后背离开镜头走向化验室。

(8) 利用虚像画面转场

方法是把一段内容最后一个镜头利用调焦或移机手段变虚，直到完全模糊，然后切入新的镜头。这新的镜头必须是从虚像开始，待调实后，它的内容便改换了时间、地点、场景。如：

①某人在沉思回忆，虚出；

②虚入，过去的事情。

(9) 利用甩镜头转场

快速地摇摄像机的镜头，使被摄物发生急剧的变化而模糊不清，从而迅速改变视点，有回闪感和紧迫感。如：

①公安人员在公安局门前整装待发；

②甩到案发现场。

（10）利用空镜头转场

从一个段落过渡到另一个段落时，可以利用空镜头转场。比如，一体育教学片中，第一段讲篮球训练，而第二段是排球训练，中间用一个蓝天的空镜头，从篮球场转到排球场，这样就比较自然顺畅。

4. 镜头组接的蒙太奇形式

数字教育电视节目中的镜头组接若能恰当运用蒙太奇的表现形式，能使画面有更强的表现力，收到更好的教学效果。常用的蒙太奇形式有以下几种。

（1）连续式

它是按事物发展的时间顺序连接，以动作的连续性和因果关系为依据。它的优点是叙述的线索单一，有头有尾，脉络清楚，层次分明，容易为观众所理解和接受。在电视教材编制中，大多数采用这种形式。

（2）平行式

它是两条以上的情节线索的交错叙述，把不同地点而同时发生的事件交错地表现出来。这种叙述方法可使两处或两处以上的事件起到互相烘托、互相补充的作用。如在电视教材中讲某一机械构造原理，一条线索是用模型讲述，另一条线索是用实物操作来讲解，交错地表现，也属于这种形式。

（3）交叉式

同一时间两件事情交叉出现，产生激烈紧张气氛，如表现追逐或惊险场面。

（4）颠倒式

先交代结果，后叙述事情发展经过。例如，先展示灿烂夺目的珍珠，后叙述如何养殖。

（5）对比式

镜头或场景的组接以内容上、情绪上、造型上的尖锐对立或强烈对比作为连接的依据。对比镜头的连接会产生互相衬托、互相比较、互相强化的作用。如贫富对比：朱门酒肉臭，路有冻死骨；冷暖对比：春节，广州的花市与哈尔滨的冰雕展。

（6）比喻式

它是用某一具体形象或动作比喻一个抽象的概念。如用海潮、浪花来比喻激动或革命高潮，用乌云密布、暴风骤雨来代表黑暗势力，用高山青松象征革命精神永垂不朽，用鲜花象征爱情和幸福，用飞翔的鸽子象征和平，等等。

（7）重复式

重复可以起到强调作用。为了强调电视教材的基本内容和重要的结论，可将部分镜头重复出现，加深学生的印象，以加深学生的理解和记忆。例如：《跟我学》（*Follow me*），讲完一段，重复一段，从而加深学生理解。

第四节 数字教育电视节目的制作

模拟教育电视节目的制作过程分为两个阶段——前期制作阶段和后期制作阶段。它们是由具有不同制作功能的各种硬件组合而成的（如录像机、切换台、特技台、调音台等等）。外景地或演播室拍下的节目素材，录制在录像机的磁带上，然后可以直接编辑，还可以复制成低带供脱机编辑之用，在脱机编辑中得到镜头编辑清单，据此进行联机编辑，需要时进行图文制作、特技制作、声音的混录。

数字教育电视节目制作手段，由于计算机参与了节目制作的全过程，数字技术提高了电视制作的速度、效率和灵活性，数字电视节目制作系统强大的处理能力，可以完成任何一种视听媒介的录制、编辑和传输。以数字系统为基础的制作环境是图像、声音及有关信息统一作为数字数据处理，如选材、合成和编辑都是以综合方式来完成的。图像、声音直接作为数字数据记录在服务器上，外景素材储存在磁盘存储器中，然后传送到服务器上，运用非线性编辑系统进行制作。

一、数字教育电视节目制作的前期准备

数字教育电视节目在拍摄之前，需要进行大量的前期准备工作。前期准备工作的好坏，在很大程度上直接影响到作品的成败，数字化技术的应用给前期准备工作带来了极大的便利。

（一）拍摄文案的准备

这里包括稿本的写作、制片预算计划、制作时间表的产生。计算机广泛应用于电视的前期制作。文字处理软件有效地帮助编写人员形成和修改剧本。制片人和导演运用计算机软件制作拍摄计划和编制预算，可以直观地列出电视剧本的每一场景中需要的设备和人员；并且可以计算出每一个项目的成本，很快地得到总的预算，同时产生一个完整的制作时间表。

（二）数字化故事版

在稿本、预算或时间表完成后，利用故事版绘制软件高效率地制作出剧情描绘板。它可为摄影、编辑和整个故事叙述提供视觉化的指导。剧情描绘板由一系列图像、影像组成，指明在电视节目中每一镜头的摄影构图和组成。

（三）形象化预审视

利用场景和灯光设计软件在开始拍摄之前就进行现场场景的设计，按实际比例建立场景模型，由电脑软件中的摄影机进行拍摄预演；在实际安装照明之前提供可视化的灯光模拟照明效果，使照明设计可迅速地进行修改；等等。另外，还可以利用软件使服装视觉化，并使其在实际制作前进行协调。

（四）演员数据库

计算机化的演员数据库给演员自我引荐和导演挑选演员提供了极大方便。导演可以迅速、直观地查阅演员资料，演员也可以通过资料库扩大知名度。

（五）资料准备

计算机数据库也给外景地的选择带来了好处，通过网络可以提供可选择的外景地的图像，从而减少差旅费用，缩短筹备制作时间。

二、数字教育电视节目的现场制作

（一）数字摄录设备

新的数字记录设备为摄像机的拍摄提供了很多优越性。例如 Avid 计算机硬盘 FieldPak 现在可附加在 Ikegami HL 系列摄像机上，摄像机附加件 Dockable2.4 千兆硬盘可存贮 25 分钟的满屏画面。数字影像和声音可在数字非线性编辑系统中立即进行编辑，因为它不需要上载过程，可从视频磁带上实时地转到数字硬盘上，这就大大加速了节目的制作过程。

（二）照明控制

计算机化的数字调光台使得摄影师或照明师能够预先编好照明程序并将它存储起来。

（三）摄像机控制

用带有电脑控制装置的摄像机拍摄画面，一方面可以拍摄到高难度的镜头，一方面可以用于复杂的场景合成。

（四）现场录音

数字音频记录处理技术和设备极大地提高了录音效果。例如，数字化记录的声音可以比模拟记录的声音更有效地滤除不需要的背景杂音，在进行复制和编辑配音时也可以减小音质损失。

（五）道具控制

用电脑来控制拍摄现场中道具的运动。

三、数字教育电视节目的后期制作

数字化技术在电影和电视制作中最有意义的贡献是在后期制作领域。数字非线性编辑系统使得编辑和修改电影或电视就像操作文字处理软件一样简单和快捷。数字非线性编辑使得编辑能灵活地瞬间改变声音和影像的顺序及持续时间。沿时间线处理视频和声音片断的能力不仅使编辑过程更灵活，而且也使编辑效率更高并节省费用。非线性编辑用于教育电视节目的制作要经过下面几个步骤。

（一）数字教育电视节目素材的搜集

包括相关的模拟视频信号和数字视频信号、计算机动画信号和图像信号，如用扫描仪录入的图片、Photoshop 处理的图片信号、3DMAX 制作的动画信号。高质量的原始信号是非常重要的。

（二）数字教育电视节目视频的采集

数字非线性编辑的第一步是向非线性编辑系统输入素材，这一步是通过视频采集压缩卡及相应的软件来实现的。主要工作是对电教视频信号进行动态捕捉、压缩和存储，目的是将电教视频模拟信号经捕获压缩卡转换为计算机中的数字文件。

（三）数字教育电视数字信号的编辑

现时常用的软件有 Adobe Premiere、汉代的大洋、索贝、奥维讯等非线性编辑软件，影像编辑软件及 3DMAX 动画制作软件，提供各种手段，如视音频剪辑、重新排序、各种素材衔接、特技、字幕等。编辑过程要注意音频和视频的同步，编辑人员的经验对编辑的效果影响很大，如画面组接、画面转场、蒙太奇等效果。

（四）数字教育电视节目的生成和输出

在非线性编辑平台中完成了对素材的采集和剪辑之后，就可以进行影视文件的生成，高性能的非线性编辑设备可实时生成。数字教育电视节目生成后，可以通过计算机的硬件卡的输出接口播放到视频显示设备上，或录制到录像带，或制成光碟等，用于教学。

四、IP 课件的制作

（一）IP 课件的概述

IP 课件即因特网课件，它是现代远程教育的一种手段。IP 课件是以网页形式，通过网络传送，可实时传送亦可非实时传送。IP 课件广播，是一种基于国际协议的数据广播，它通过卫星将大量的多媒体课件和计算机文件高速发送到学校的局域网服务器或用户的计算机中去，无论在天涯海角或高山平原，学员或用户都可以不受限制地学习带视频流的课件或浏览网络信息。越来越多的试点院校采用 IP 课件来进行远程教育。中央广播电视大学除了在数字卫星电视频道上广播讲授型电视教材以外，还同时在天网 CEBsat -C - 4频道上广播 IP 课件。北京大学、北京邮电大学、东南大学等试点院校也在天网通过 IP 课件广播来传输本校的教育课程。为了扩大影响，这些 IP 课件在天网上广播，同时也在地网上传输，内容涉及国际经济与贸易、法学、远程医学、线性代数、C 语言、概率论、国内贸易、计算机应用等课程。IP 课件通常由三部分组成：教师讲课视音频、虚拟黑板（文稿区）、教师讲课内容目录列表。如图 4 - 4 所示。教师讲课的视音频是可在网络中传输的流媒体格式，它在网页上的媒体播放窗口播放；虚拟黑板（文稿窗口）相当于教师上课时的黑板，根据教师讲课的内容、虚拟黑板上面可以展示（放）教师的板书、演示图片（挂图）、演示幻灯片、演示动画等；教师讲课内容目录表有两个作用，一是本节课内容的简介，二是学生可根据目录选择某一部分内容学习。

（二）IP 课件的特点

1．视频流和文本有机结合

IP 课件是以网页的形式存在，并利用网页浏览器来浏览的。浏览器的窗口是 IP 课件的主要界面，大多数的 IP 课件采用三个窗口的界面设计：视频展示窗口、知识点窗口和

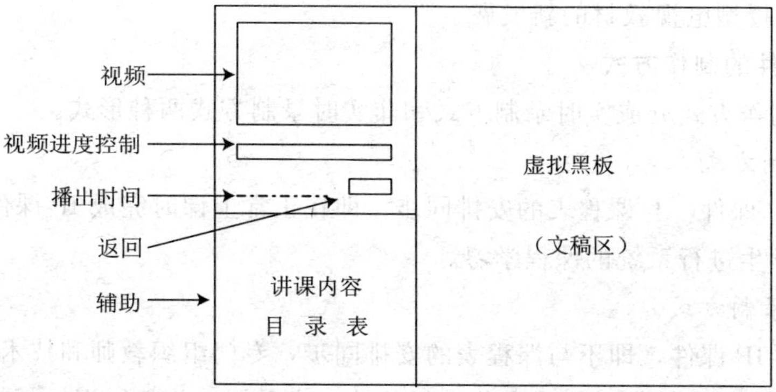

图 4-4 IP 课件的组成

辅助窗口。而所有 IP 课件的视频展示窗口和知识点展示窗口的作用是相同的。视频窗口以教师形象为主，以视频流的形式展现教师上课的实况。知识点展示窗口是关于该老师的讲义，展示该节课的知识要点。关于知识点展示窗口的风格，有些学校如中央电大的往往是以白底黑字的网页形式出现，字体为五号字，内容很多，需要滚动条。有些学校如北大的往往是五彩缤纷，字体比较大，基本上是四号字以上，背景是蓝色或黑色，把电子幻灯片（PPT）转变为图片的形式。无论是图片还是网页，知识点展示窗口主要以文字的形式呈现教学信息，极少出现图片、图像、框图等形式的信息。但也有例外，如北大金融类课程的 IP 课件采用 Flash 动画代替文字展示教学信息，这些动画容量小，而且能动态展示世界金融走势，很直观。不管是哪一种的形式，随着视频流的播放，知识点展示窗口会自动地一页页地更换内容。

2. 非线性控制播放进度

在视频窗口的下面是视频流播放控制条、控制按钮和播出时间显示。通过控制视频流播放控制条和控制按钮可以快进、快退、暂停、停止和播放，学习者可以根据自己的水平来调整课件播放的进度。左下角的窗口是辅助窗口。有些学校如电大的课件是用作相关知识点的链接点，例如设立“内容概要”、“学习方法”、“问题与解答”。学习者可以点击任何一点，视频展示窗口立即跳转到相应的视频内容，知识点展示窗口同时也跳转到相应的讲义内容。有些学校如北京大学的课件，往往在辅助窗口放置图片或说明文字，要实现非线性控制课件的播放，必须右键点击视频展示窗口，选择“浏览/转到”，才会弹出一个小窗口。该窗口有若个 HTM 文件，点击任何一个即可进入相应的视频流和知识点。

IP 课件以视频流的形式重新整合了讲授型电视教材，让学习者既看到主讲教师上课的实况，又能对照讲义，抓住要点。IP 课件能赋予学习者对学习内容的呈现和学习进度的控制权，能够让学习者掌握学习的主导权。当 IP 课件被高速下载到本地计算机或局域网，学习者可以自由点播，或者集中收看。这样，学习者可以跳过自己已经掌握的知识点，又可以反复琢磨某个知识难点。这些特点正是讲授型电视教材所没有的。因此，IP

课件已经成为讲授型电视教材的新发展。

（三）IP 课件的制作方式

IP 课件的制作方式分成实时录制方式和非实时录制方式两种形式。

1. 实时录制方式

实时录制 IP 课件，与课程表的安排同步，即在正常上课时完成 IP 课件的制作。该类 IP 课件，适合学生进行系统的课程学习。

2. 非实时录制方式

非实时录制 IP 课件，即不与课程表的安排同步，专门组织教师和技术人员进行 IP 课件的制作。主要适用于教师对相关章节进行总结，或介绍一些新知识、新技术，例如单元辅导、期末复习、专题讲座等。该类 IP 课件，适合学生对所学课程复习、总结、巩固和提高。

IP 课件相对于讲授型电视教材的制作要复杂一些，但相对于计算机多媒体课件制作还是简单许多，这也是 IP 课件成为天网来开展远程教育的一个主要方式的原因之一。简单地说，IP 课件制作是两个内容，一是录制教师授课的视频（录像），制作视频流；二是编制文本网页或电子幻灯片。主要工作由两类人员协同完成：一类是授课教师，负责备课、制作文本网页或电子幻灯片、讲课；另一类是技术人员，负责录像、制作视频流、整合视频流和文本网页或电子幻灯片等工作。具体步骤：教师备课，进行教学设计，制作与课程内容相应的文本网页或电子幻灯片；在演播室或教室录制教师讲课视频；将教师讲课视频经过采集、压缩、编辑录入计算机，制作成视频流；以时间为基准将教师讲课视频流与相应的文本网页或电子幻灯片准确链接；将视频流和相应的文本网页或电子幻灯片放入课件库，并用 VBScript 脚本语言（JavaScript 脚本语言）编写主界面，把视频和文本网页或电子幻灯片有机地整合在一起。

第五节　数字教育电视的应用

一、数字教育电视的特点

1. 多媒性

数字教育电视的多媒体特性突破了文字与音像的范畴，使传统教学内容的外在形式发生了根本性的变化。多媒体的信息形式有文本、图形、图表、图像、动画，有静止的、运动的，有分散的、组合的，有视觉的、听觉的。数字教育电视能够把教学中的抽象概念原理、真实的实验过程等形象生动地表现出来，给学生真实的学习情境，帮助学生获得示范性的知识，把握概念原理的实质。

2. 多样性

数字教育电视的出现使得教育电视的载体形式发生了变化：从以前主要是 VCD、

DVD或由教育电视台统一定时播放的形式，到现在还有网上的流媒体形式的播放、网络视频点播、IP课件与VBI数据广播、数字视频资源库等。

3. 共享性

制作好的数字教育电视节目在网络中传送，各制作部门就可以随时查阅或使用其他部门所做的节目。另外，若干套非线性编辑系统的连网，可让资源共享，一个节目可由一个部门完成，也可由几个部门合作来完成。这样既节省时间、资金，缩短节目制作周期，又方便部门之间的运作。

4. 交互性

数字电视技术的出现，使学习者与电视之间的交互成为可能。数字电视为学习者提供了更加有效的控制和处理信息的手段。学习者可以利用数字教育电视的图形菜单、多窗口、按钮等作为人机交互界面，这种交互可以增强对教育信息的注意和理解，从而提高学习效果。

二、数字教育电视的教育模式

（一）课堂教学

将传统教学录像带经数字化压缩后放到视频服务器中，教师可在与互联网或校园网相联的多媒体教室中，通过客户端统一的点播界面，自由点播这些课件，也可自制多媒体课件作为点播节目源。

（二）自主学习

数字教育电视可实现在任何时间，任何与互联网、校园网、电子图书馆相连接的地方，任何年级的学生，点播视频服务器上的适合自身学习需求的教学节目，从而为学生自主学习创造条件。例如，视频点播系统中如配置光盘塔、光盘库或虚拟光碟，便可成为网上电子阅览室，学生或教师可在网上任意点播教学或娱乐光盘节目，从而满足全校师生的教学和文化娱乐需求。

（三）广播教学

在主会场通过摄像机和麦克风，将主讲教师的图像、声音采集到视频广播服务器中，利用视频广播系统实时广播课堂教学实况，凡在与校园网相连的电脑终端上都可收看。

（四）远程教学

视频点播（video on demand，VOD）节目可通过广域网络，实现跨地域的远程教学。远程接收站点既可先将视频服务器上的节目下载到本地服务器上，然后在当地的局域网范围内点播；也可通过互联网，利用标准的网络浏览器（如IE或Netscape）及插件，点播远端服务器中的教学课件或实时收看远端广播服务器传送的教学内容（可以是教师图像、声音和板书的合成）。

三、数字教育电视的应用方式

数字电视技术、数据广播技术、卫星多媒体宽带网、多媒体网络技术的发展丰富了数字教育电视节目的类型与应用。数字教育电视的教育应用向着多渠道传播、载体形式多样、多种媒体组合应用、天地网结合的方向发展。

1. 数字视频光盘

数字视频光盘是一种用激光技术存储高密度信息的载体，其信息存储密度比录音带、录像带、计算机软磁盘、硬磁盘等载体要高得多。光盘以记录密度高、存储容量大、存储成本低、保存时间长、介质可换、检索方便、携带灵活等优点，为当今信息社会提供了先进的存储和管理手段，从而克服了传统纸张载体、磁性介质、缩微胶片等信息载体的局限；数字视频光盘有 LD、VCD、DVD，已经步入音像市场、电子出版、软件发行、文档管理、图像存储、多媒体计算机教育应用等广阔的领域。

2. 多媒体课件与网络课程中的视频

多媒体课件是集文字、声音、图像等多种媒体信息为一体的产品。它以计算机为实现手段，具有人机交互，文、图、声、像并茂的特点，而且具有强大的数据量。随着现代教育技术的发展，人们认识到，多媒体不仅是掌握知识、获取信息的新途径，也是一种解决教学中重点、难点问题的重要方式，对成功教学有巨大的辅助作用。

多媒体课件与网络课程中的视频格式主要有 AVI 视频和 MPEG 视频格式。一般通过视频捕捉卡，用如 VidCap、VidEdit 等采集和编辑。数字教育电视节目本身是以数字格式存储的，所以可以方便地运用到媒体教学软件与网络课程开发中。

3. 网络流媒体

现代视频技术正在数字化、电脑化及网络化的平台上构建起电视系统新的思维、创作及技术发展空间。流媒体在数字教育电视节目的网络化传输中扮演着重要角色。

流媒体的概念包括以下两个层面。其一，流媒体是计算机网络（尤其是中低带因特网）上需要实时传输的多媒体文件，比如声音、视频文件。在传输前需要压缩处理成多个压缩包，并附加上与其传输有关的信息（比如控制用户端播放器正确播放的必要的辅助信息），形成实时数据流。数据流最大的特点是允许播放器及时反应而不用等待整个文件的下载。其二，流媒体是对多媒体信息进行“流化”处理，是一种解决问题的方式，可以使视频等对实时性要求严格的多媒体文件，在因特网上既无下载等待需求，又不占用客户端硬盘空间的情况下保证实时播放。

目前因特网比较流行的流媒体有 RealMedia、Windows Media 和 Quick Time，它们包括不同的媒体内容，具有不同的格式，都有专用的播放器。以目前网上最常见的 RealMedia 为例，其中包括 RealVideo、RealAudio、RealFlash，专用播放器是 RealPlayer。传输过程中通过 MIME（multi purpose internet mail extensions，多用途邮件扩展）识别流媒体类型。流媒体技术解决了以视音频信息为代表的多媒体信息在中低带宽网上的传输问题，在教育领域有着广阔的应用前景。

4. 视频点播

视频点播是近年来新兴的传媒技术，该技术融合了计算机技术、网络通信技术、多媒体技术、电视技术和数字压缩技术等现代高新技术，是多学科、多领域融合交叉的产物。用户可以根据自己的兴趣，不借助传统的录像机、影碟机等播放设备，采用交互方式在电脑或电视上（需通过机顶盒）自由点播视频服务器节目库中的视频节目。视频点播系统按传输方式可分为基于有线电视（CATV）的视频点播系统、基于计算机网络的视频点播系统。

四、IP 和 VBI 数据广播的教育应用

中国教育卫星宽带多媒体传输平台从 2000 年 10 月 31 日开始起用。这一平台的开通，改变了中国卫星电视教育只能单纯传输电视节目的状况，代之以同时传输数字电视、多媒体信息、IP 数据广播、VBI 数据广播、语音广播等十几个不同速率频道的节目。该系统开展的因特网接入服务，可将卫星通信网与地面的中国教育和科研计算机网（CERNET）高速连接，它标志着中国现代远程教育步入一个天地合一、远程双向交流的新阶段。

VBI 数据广播是利用电视节目的场逆程进行传输。VBI 数据广播的传输速率目前文本文件可达到 300k/秒。随着 PC 卡质量的提高，其传输速率还可以提高。而 IP 数据广播则是利用场正程进行传输。但 IP 数据广播不属于搭载传输，它需要占用专门的卫星通道，与 VBI 数据广播相比，IP 数据广播传输的数据文件图像质量更高。接收 IP 数据广播的方法和接收 VBI 数据广播一样，只要在计算机中插入一块 PC 卡即可接收 IP 数据广播。IP 和 VBI 数据广播的教育节目主要有三个方面：教育资源信息，交互式多媒体远程教学，实时学术活动。

（一）教育资源信息

目前，IP 和 VBI 数据广播的教育资源信息有下列内容：电子报刊，可以查阅到二十多种国内主要报刊的电子版；由国家信息中心主办的因特网“星空放送”的信息，星空放送主要传播教育、经贸、新闻、科技、中央电大教学信息、计算机教学等内容；绿色出版物，由西安交大通视公司与中国教育电视台合办的绿色出版系统，是利用 VBI 技术传播多媒体出版物的专门数据广播项目，通过它可以选择收视音乐和录像节目。

（二）交互式多媒体远程教学

IP 和 VBI 数据广播能将广播电视实时传递视听信息的特点与因特网交互双向传播的特点相结合，形成一种崭新的交互式多媒体远程教学方式。可以在计算机屏幕画面左上角为主讲教师讲课播出录像画面，声音也伴随播出。右半面为当前板书内容，以超链接的文本同步出现，左下角画面为当前 IP 和 VBI 工作状态显示。学习者在学习过程中，可根据自己的情况，通过操作左窗滚动条或操作右半窗的进度按钮，调整本节进度或重复学习本节内容。节间选择可通过操作左边上下窗间的下拉式列表框进行。学习者在学习过程中碰到的关键的概念、公式、原理或实验内容，可通过超链接调出进一步深入学习的内容。

（三）实时的学术活动

IP和VBI数据广播可以将计算机屏幕上的视音频信号源窗口的录像信号改为摄像信号，远距离实时广播学术活动，它既能将活动的现场信息以传统的视音频形式直播，又同时传播了相关的文字及其他多媒体信息。

思考题

1. 数字教育电视节目制作有什么特点？

2. 非线性编辑系统有什么特点？它由哪几大部分组成？它的工作原理是什么？如何使用？

3. 虚拟演播室系统有什么特点？它由哪几大部分组成？它的工作原理是什么？如何使用？

4. 镜头组接的原则是什么？如何设计？

5. 镜头组接的转场有多少种方式？

6. 试述镜头组接的蒙太奇形式。

7. 简述数字教育电视节目的制作。

8. 简述数字教育电视的应用方式。

第五章　多媒体技术与教学应用

多媒体技术的出现，标志着信息技术一次新的革命性的飞跃，它不仅改变了人类获取、处理、使用信息的方式，也将改变人类学习的方式。多媒体技术在改善人机交互效果，提高信息交流效率，促进自主学习、探究学习等方面具有十分重要的作用。

第一节　多媒体计算机系统

信息社会中，人们无论在工作、生活、学习中都充分利用着多媒体计算机。多媒体技术的发展将使计算机的应用深入到前所未有的广阔领域，多媒体计算机系统在教学应用中发挥着巨大的作用。

一、多媒体技术与多媒体信息

（一）多媒体技术的概念

媒体是指传递信息的中介物，它有两种含义：一是指表现信息的载体，如文字、符号、语言、声音、图形、图像等；二是指存储和传递信息的实体，如书本、画册、报纸、幻灯片、投影片、录音带、电影胶片、录像带、计算机软件以及相关的播放设备等。

国际电信联盟（ITU）认为多媒体是利用计算机交互式综合技术和数字通信网络技术处理多种媒体信息（文本、图形、图像和声音等），使多种信息建立逻辑连接并集成的交互系统。多媒体是计算机技术与视频、音频和通信等技术发展的产物。

多媒体技术是指把文字、图形图像、声音、动画、视频图像等承载信息的媒体结合在一起，并通过计算机进行综合处理、控制和显示，将多媒体各个要素进行有机组合，并完成一系列随机性交互式操作的信息技术。

（二）多媒体技术的基本特征

多媒体技术具有多样性、集成性、交互性三个基本特征。

1. 多样性

多媒体技术可使计算机处理的信息多样化。利用多媒体技术信息进行变换、加工，采用文本、图形、图像、视频、音频等多种形式来传递信息，丰富表现能力，增强动态效果。

2. 集成性

集成性包括两个方面：一是存储信息的实体（视频设备、音响设备、存储系统和计算机）集成，二是承载信息的载体（文本、数字、图形、动画、声音和视频图像）集成。

3. 交互性

多媒体系统利用图形菜单、多窗口、图标、按钮等美观形象的图形界面作为人机交互界面，人们可以使用键盘、鼠标、触摸屏、话筒、数据手套等设备与计算机进行交互。交互性可以增强对信息的注意和理解，延长信息存储的时间。

（三）多媒体信息

通过使用多媒体技术，多媒体计算机系统能够对各种媒体进行数字化处理，并传递多种媒体信息。这种多样化的媒体信息形式简称为多媒体信息。多媒体信息包括以下多种。

1. 文本（text）

它是各种文字字体的集合，是用得最多的一种符号媒体形式，是人和计算机交互作用的主要形式。文本的特性包括字体、颜色、字号等。

2. 图形（graphic）和图像（image）

图形包括点、线、面到三维空间的黑白或彩色几何图形。图像包括照片、幻灯片和绘画作品等。

3. 动画（animation）

包括卡通、活页动画片和计算机制作的二维、三维动画等等。

4. 视频（video）

主要是指自然界各种事物的连续画面图像，包括数字化处理的录像资料、影片等。

5. 音频（audio）

包括音响和音乐两类。音响（sound）包括解说旁白、自然声响（如雷声）和各种动物叫声、汽车声等。音乐（music）包括歌曲、乐曲等。

6. 交互界面（interactive interface）

包括各种按钮、图标、菜单等。

二、多媒体计算机系统

具有多媒体功能的计算机被称为多媒体计算机，最广泛、最基本的是多媒体个人计算机（multimedia personal computer，MPC）。具备多媒体功能的计算机应用系统是多媒体计算机系统。

（一）MPC 的特点

MPC 的最大特点是改善人机接口界面，拓宽了计算机的应用领域。与 PC 相比有如下优点。

(1) CD-ROM 驱动器　是多媒体计算机的标准配置之一。

(2) 声卡　包括音频信号获取、压缩/解压缩、MIDI 合成等。

(3) 视频卡　包括视频信号获取、压缩/解压缩等。

(4) 高性能 CPU　通常要求 CPU 的运行速度较高。

(5) 较大的内存　由于增加了音频和视频媒体，在开发应用软件和播放节目时通常要求有较大的内存。

(6) 较大的硬盘　为存储图像及视音频数据，需配置较大容量的硬盘。

(7) 高性能显示部件　包括显示卡、显示内存和显示器，因此需要高性能显示部件，至少需要 PCI 显示卡、1MB 显示内存、0.28mmSVGA 彩显。

(8) 高速总线　为了同时传送视频和音频信号，除了使用高效压缩技术外，还必须使用高速总线，例如 PCI、SCSI、USB 等。

(9) 系统软件和工具　系统软件要求具有实时处理和处理多任务的能力；同时，系统软件还需包括多媒体软件执行环境和编程工具等。

(10) 创作软件和工具　用于各种媒体的开发和创作。例如，音频获取编辑与创作，视频获取编辑与创作，二维或三维动画制作。

(11) 编辑软件工具　其作用是将文本、图形、音频、图像和视频等多种媒体综合在一起，并赋予交互能力。

(12) 多媒体应用软件　指按用户要求而开发的应用软件。

(13) 多媒体节目　这是多媒体计算机赖以生存的物质基础，没有丰富的多媒体节目，多媒体市场就不会得到迅速发展。

(14) 多媒体与网络　使用 MPC 作为网络的的终端，在网上获取或发布信息。由于使用多媒体，使网上信息变得丰富多彩，但由此也对网络提出了更高的带宽要求，并且需安装相关的软件。

(二) 多媒体计算机系统的组成

多媒体计算机系统是把视频、音频等媒体与计算机系统融合起来，并由计算机系统对各种媒体进行数字化处理的一个复杂的硬件、软件有机结合的综合系统。多媒体计算机系统的基本组成，如图 5-1 所示。

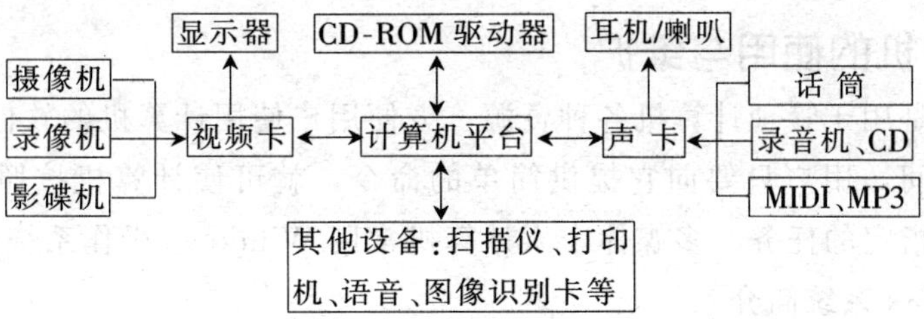

图 5-1　多媒体计算机系统的组成

1. 计算机平台

计算机平台是基本主机系统，包括 CPU、内存、总线、显示系统、磁盘驱动系统、用户输入与输出系统等。由于多媒体涉及的数据量非常庞大，所以对计算机平台的要求很高，包括要求高档次的 CPU、足够的内存、快速的大容量存储设备、性能好而快的显示设备等。

2. 多媒体接口卡

多媒体接口卡根据多媒体计算机系统获取、编辑视频或音频的需要插接在计算机上，以解决各种媒体数据的输入与输出问题。常见的接口卡有视频捕捉卡、视频压缩卡、视频播放卡、VGA/TV 转换卡、声卡、光盘接口卡等。

3. CD-ROM 驱动器

CD-ROM 驱动器是 CD、VCD、DVD 的播放器。近年来，CD-ROM 驱动器发展非常迅速，主要表现在其数据传输速度成倍提高，占用时间减少，数据存储格式不断革新等方面。

4. 多媒体外部设备

多媒体外部设备种类繁多，按功能可分为：

(1) 视频、音频输入设备：摄像机、录像机、影碟机、数字照相机、扫描仪、话筒、录音机、CD 唱机、MIDI、MP3 设备等；

(2) 视频、音频输出设备：显示器、电视机、多媒体投影仪、音响、扬声器、立体声耳机等；

(3) 人机交互设备：键盘、鼠标、触摸屏、打印机、光笔、数据手套等；

(4) 存储设备：磁盘、光盘等。

5. 多媒体系统软件与应用软件

多媒体系统软件具有综合使用各种媒体，灵活调动多媒体数据的传输和处理功能。多媒体计算机系统的主要系统软件有：多媒体驱动软件，驱动器接口程序，多媒体操作系统，媒体素材制作软件与多媒体库函数，多媒体制作工具与开发环境，等等。

多媒体应用软件是在多媒体创作平台上设计开发的面向应用领域的各种软件程序，如多媒体教学软件、培训软件、电子百科全书、电子词典等。

三、计算机的使用与维护

操作系统就是用于管理计算机各种资源，方便用户使用计算机的软件。操作系统介于计算机和用户之间，用户只要向它提供简单的命令，就可使计算机按照用户的要求，协调、高效地完成指定的任务。多媒体个人计算机常用 Windows 操作系统。

（一）Windows 系统简介

Windows 是 Microsoft 公司在 1985 年 11 月发布的第一代窗口式多任务系统，它使计算机开始进入了所谓的图形用户界面时代。Windows 不仅为基于 DOS 的 PC 机增加了图形用户接口，使得用户只需简单地对图标、对话框、菜单、按钮等对象进行选择和操作即可完成需要的功能；它还扩展了DOS的功能，为应用程序提供了由一致的窗口和菜单构成的多任务环境，所有应用程序共享CPU、内存、显示器及键盘、鼠标、打印机等资源，可以更充分地发挥微机软、硬件的功能。

Windows为其应用程序之间的信息交换提供了三种标准机制——Clip Board（剪贴板/静态数据交换）、DDE（dynamic data exchange，动态数据交换）和OLE（object linking and embedding，对象的链接与嵌入）。这三种技术为Windows环境下各类应用程序之间搭起了互相沟通的桥梁，用户只需分别单独地开发出各种需要的应用程序，再利用上述某种手段将它们结合起来，即构成一个新的应用系统，这就是Windows为用户提供的整合式操作环境。

（二）计算机的使用与维护

1．计算机的使用

（1）计算机要放置在阳光直射不到的地方，周围无腐蚀气体，环境干爽，无尘通风。

（2）计算机使用的交流电要求相对稳定在220V±10V，有条件的安装不间断电源UPS。

（3）计算机的供电线尽可能不与大型的家用电器用同一线路，要接地线，以免受到干扰。

（4）开机时，先开外围设备的电源（如打印机、显示器等），再按主机的电源按钮启动计算机；关机时，操作顺序与开机时相反。不要频繁开关计算机的电源按钮，关机后应稍等片刻才能再开启计算机。

（5）键盘操作要轻按轻放，不可用力敲击。

（6）计算机在通电运行过程中要避免搬动，否则容易损坏硬盘。

2．计算机的维护

（1）使用正版软件。

（2）在计算机系统装入防病毒卡或防病毒软件，监视或防止病毒的侵入。

（3）外来软件必须用防病毒软件检测或病毒扫描后再使用。

（4）尽量不用软盘引导系统。

（5）重要文件要复制备份。

（6）对软件不进行非法复制和传播。

（7）不打开来历不明的电子邮件。

（8）对计算机网络的管理应采用严密的安全防范措施。

四、计算机病毒与防范

根据我国颁布实施的《中华人民共和国计算机信息系统安全保护条例》，计算机病毒（computer viruses，CV）是指编制或者在计算机程序中插入的破坏计算机功能或者毁坏数据，影响计算机使用，并能自我复制的一组计算机指令或者程序代码。此定义具有法律性。

计算机病毒通过非授权入侵而隐藏在计算机系统的数据资源中，利用系统数据资源进行繁殖和生长，并通过系统数据共享的途径在一定条件下进行传染，影响计算机系统的正常运行，破坏数据甚至硬件。通常病毒的传播主要是通过拷贝文件、传送文件、运行程序等方式进行，其主要传播途径有硬盘、软盘、光盘、网络等。

（一）计算机病毒的类型

计算机病毒可按多个角度分类。如按传染对象可分为以下四种。

1. 引导型病毒

引导型病毒主要是用病毒的全部或部分逻辑取代正常的引导记录，而将正常的引导记录隐藏在磁盘的其他地方。这种病毒在运行的一开始（如系统启动）就能获得控制权，其传染性较大。如“大麻”和“小球”病毒就是这类病毒。

2. 文件型病毒

指病毒感染以 .dll、.sys 等为扩展名的文件，因为这些文件通常是某程序的配置、链接文件，所以当执行某程序时，病毒随之被自动加载。如 CIH 病毒将自己拆分成 9 段嵌入到 PE 结构的可执行文件中，感染后文件的字节数通常不增加。

3. 网络型病毒

一些网络型病毒几乎可以对所有的 Office 文件进行感染，如 Word、Excel、电子邮件等。其攻击方式为进行文件加密、窃取用户有用信息等，并通过网络进行传播。

4. 复合型病毒

复合型病毒是同时具备了引导型与文件型病毒的某些特点，既可以感染磁盘的引导扇区文件，也可以感染某些可执行文件。如果没有对复合型病毒进行全面的清除，则残留病毒可自我恢复，还会造成引导扇区文件和可执行文件的感染。

（二）计算机病毒的防范

计算机病毒防范，是指通过建立合理的计算机病毒防范体系和制度，及时发现计算机病毒侵入，并采取有效的手段阻止计算机病毒的传播和破坏，恢复受影响的计算机系统和数据。

1. 预防病毒的传播

计算机病毒亦应以预防为主，而预防计算机病毒，主要是堵塞病毒的传播途径。为了防止病毒的传播，可以采取以下措施。

（1）管理上应制定出严格的规章制度

系统软件应指定专用；严禁在工作站上进行游戏；使用软盘时要先检查病毒；对重要的系统盘、数据盘及文件要经常进行备份；对网络上的计算机用户，要遵守网络软件的使用规定，不要随意下载软件进行安装；定期检查软盘、硬盘和系统，以便及时发现和清除病毒。

(2) 技术上可采取的对病毒的预防措施

病毒防治的技术措施，目前最常用的是利用防病毒卡和防病毒软件。防病毒卡和防病毒软件对病毒能起到预防作用。

(3) 及早发现计算机病毒

一般来说，不论何种病毒，一旦侵入系统，都会或多或少、或隐或显地给系统带来不正常的现象，根据这些现象可以及早地发现病毒，并及时把它们从计算机中清除。

2. *检测和消除病毒*

为了阻止计算机病毒的扩散，还需经常检测和消除病毒。有两种方法，一是人工检测和消除，难度大，技术复杂；二是软件检测和消除，操作简单，使用方便。用于检测和消毒的软件种类很多，如 KILL、SCAN 与 CLEAN、诺顿、金山毒霸、PC-cillin、VRV、瑞星等。

总之，计算机病毒的防治要从防毒、查毒、杀毒三方面来进行。

第二节　多媒体教学支撑环境

多媒体教学支撑环境建设是与教学方式相联系的。在中小学，多媒体教学应用方式主要有课堂多媒体组合教学方式、个别化交互学习方式、在多媒体教室网络环境下协商学习方式和在因特网环境下的远程学习方式等。

一、MPC 系统主机

多媒体教学支撑环境，无论是个别化学习方式、多媒体组合课堂教学还是多媒体网络学习方式，其基本条件首先是要有一台或多台多媒体计算机。目前在我国大多是利用多媒体升级套件构成 MPC 系统，这就要根据学校实际情况去进行配置。

二、多媒体演播系统

以多媒体计算机和大屏幕投影机为主体的多媒体演播系统，不仅适用于课堂教学，还广泛应用于会议室、报告厅、演示厅中。多媒体演播系统的基本配置包括：MPC 多媒体计算机、投影系统、放录像系统、音响系统和多媒体集成控制平台。

三、多媒体教室网络系统

多媒体教室网络系统通常需要如下基本配置：系统服务器、网络卡、教师控制机、高速影音传输器和学生工作站等。在多媒体教室网络系统中，教师机的多媒体信息可以通过该系统进行即时广播或监看，利用耳机、麦克风可进行交谈。基于 Web 的多媒体教室网络系统可以通过校园网与因特网连接，实现共享校园网内的教育信息资源，浏览远程教学资料等。

四、多媒体综合电教室

多媒体综合电教室，是指多种教学媒体汇集在一个教室内，以利于开展多媒体组合的教学活动。多媒体综合教室主要由幻灯机、投影机、录像机、影碟机、激光唱机、录音机、话筒、扩音机、调音台、音箱、多媒体计算机、视频展示台（实物投影仪）、数码电视投影机、银幕、多媒体控制平台（按键式或电脑式）等设备组成。

五、多媒体学习中心

多媒体学习中心的多种媒体主要是给学生自主学习使用，媒体成为学生学习的主要工具，教师在教学活动中起指导作用。多种媒体被放置在房间的不同区域，以方便学生取用。这种类型学习环境的教学媒体设置，大致可分为下列几个区域。

1. 学生学习活动区

它一般被安排在房间中央，桌椅摆设便于个别学习和小组讨论学习。

2. 文字印刷资料区

它用于摆设学科学习需用的教科书、参考资料、图片、挂图等。

3. 模型、标本区

它用于摆放各类实物、标本和模型等。

4. 媒体区

它有幻灯投影媒体、录音媒体、电视录像媒体和联网的计算机。

5. 学生作业展示区

学生作业可写在黑（白）板上，或用纸书写好后，张贴在板报栏上。

6. 教师指导学习区

它有黑板（白板）和各种呈现教学信息的媒体与工具，便于教师作指导性的讲授；另外在房间一角设有教师专用的办公桌和相应的教学资料，便于教师准备教学和接受学生咨询，指导学生进行高效的学习活动。

第三节　多媒体教学软件设计与开发

多媒体教学软件是根据课程教学大纲的培养目标要求，用文本、图形图像、音频、视频、动画等多媒体与超文本结构去展现教学内容，并且用计算机技术进行记录存储与运行的一种教学软件。

一、多媒体教学软件的特点与类型

（一）多媒体教学软件的特点

主要特点表现在数字化教学信息载体的多媒性、集成性、交互性、超链性。

1．多媒性

多媒体教学软件实现了教学信息载体的多样化或多维化，实时地处理文本、图形图像、动画、音频、视频等多种媒体信息。

2．集成性

多媒体教学软件的集成性是指信息多通道统一获取和合成，统一组织和存储，把单一、分散、不同类别的素材经过处理，集合成多媒体。

3．交互性

多媒体教学软件利用图形交互界面，提供友好的人机交互操作。学习者可根据自己的情况选择相应的学习路径和学习内容。另外，软件还能对学生测试结果进行分析、评判和反馈。

4．超链性

多媒体教学软件的非线性、超链接的网状结构能实现知识点之间的超链接，使学习信息的组织更符合人类非线性的思维方式和人类自身的认知规律。

（二）多媒体教学软件的类型

根据内容与作用可分为自主学习型、网络学习型、智能学习型、模拟操作型、资料工具型、训练练习型、课堂演示型和教学游戏型等。

1．自主学习型

自主学习型具有完整的知识结构，能反映一定的教学过程和教学策略，提供相应的形成性练习与参考答案供学生进行学习评价。

2．网络学习型

这种类型可以在局域网或广域网上使用，使更多的学习者参与学习。它与单机版在制作上有许多不同的规定。

3．智能学习型

这种类型用人工智能技术编制而成，能根据不同学习者掌握的知识和技能情况，建立有针对性的教学策略，确定要传递给学习者解决的问题，评价学习者的行为和学习情况等。

4．模拟操作型

模拟操作型借助计算机仿真技术，再现一个真实情境，让学习者进行模拟实验操作、模拟训练器材操作和模拟技能操作。

5．资料工具型

资料工具型包括各种电子工具书、电子字典，各类文本库、图像库、图形库、动画库、视频库、声音库等资料以及面向学科的专用平台型软件等，可供查阅，也可作为创作的素材。

6. 训练练习型

这种类型向学习者呈现问题，由学习者练习作答，软件给予适当的即时反馈，强化训练学生某一方面的知识和能力。

7. 课堂演示型

这种类型主要演示在课堂教学中难以看到的各种现象、运动过程和规律等。

8. 教学游戏型

这种类型基于学科知识内容，寓教于乐，通过游戏的形式，教会学生掌握学科的知识和能力，并引发学生对学习的兴趣。

二、多媒体教学软件的开发流程

多媒体教学软件的开发流程包括：软件设计（选择课题、教学设计、系统设计、文字稿本编写、制作稿本创作），软件制作（素材制作加工、软件编辑合成、软件调试打包），软件试用评价，产品修改出版。其流程如图 5-2 所示。

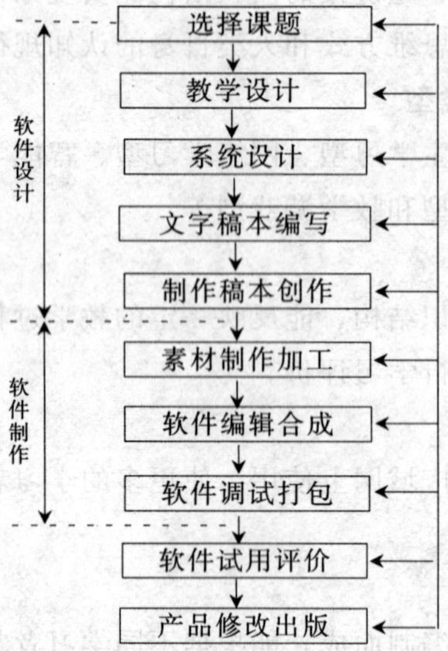

图 5-2　多媒体教学软件开发流程

三、多媒体教学软件的设计

（一）选题

选题，要选择能充分发挥多媒体技术优势，切实优化学和教的过程的题材。

（1）学习内容需要个别化、自主式的学习，交互式、及时反馈的学习，实践型、练习型的学习。

（2）难以用语言或单一媒体表达清楚的教学重点、难点，宜用多媒体形式。

（3）模拟以训练为目标的学习内容。可将模拟训练的多媒体教学软件作为复杂技能训练的前期训练和危险性、长周期或高代价类型实验的虚拟实验。

（二）多媒体教学软件的教学设计

多媒体教学软件的教学设计是应用系统论的观点和方法，分析学生特征，确定教学内容与教学目标，选择与设计多媒体信息，建立教学内容知识结构，设计形成性练习与学习评价的过程。

（三）多媒体教学软件的系统设计

在教学设计的基础上，还需对多媒体教学软件进行系统设计。多媒体教学软件的系统设计主要包括软件超媒体结构设计、导航策略设计和友好交互页面（界面）设计。

1. 超媒体结构设计

（1）系统知识框架结构的设计

系统知识框架结构是各个教学单元、知识点的相互关系及呈现方式，由封面、主菜单、单元主页、功能模块等组成。

（2）系统超链接结构的设计

系统超链接结构的设计，包括键出各种多媒体信息、进入另一页面、返回同一教学单元、“返回主页”（主菜单）、“结束”与“退出”的超链接方式等。

2. 导航策略设计

导航是引导学习者学习的措施，是教学策略的体现。导航策略设计有以下几种类型。

（1）检索导航设计

检索查询系统可使学习者利用关键词、标题等快速检索所需的学习信息。

（2）帮助导航设计

学习者点击帮助菜单，可获得软件提供的解决问题的方法和途径。

（3）线索导航设计

软件设计可以设置和记录学习者的学习路径，作为学习线索进行学习。

（4）浏览导航设计

设计导航图，学习者通过浏览、观察学习信息的网络结构，找出自己所需的学习信息。

（5）书签导航设计

软件设计若干书签号，标上书签号后，只要输入某书签号，就能快速检索到该学习信息。

3. 交互页面设计

交互页面（界面）设计是指将显示器呈现的页面设计得直观易懂，交互操作简单。学习者可以通过鼠标、触摸屏、键盘等对友好交互页面作出反应，实现人机交互。交互方式主要有菜单、按钮、图标、热键、窗口和对话框等。

（四）多媒体教学软件的文字稿本编写

多媒体教学软件的文字稿本是按照教学过程的先后顺序，描述教与学每一环节的内容及其呈现方式的一种稿本形式。

多媒体教学软件的文字稿本编写包括编写简单说明：软件名称、学科名称、使用对象、使用方式、教学功能与教学特点等，划分教学单元、知识点与确定教学目标，如表5－1所示；建立知识点与知识点之间的知识结构。最后，按照表5－2多媒体教学软件文字稿本的格式编写，选择多媒体信息类型与呈现方式。

表5－1 教学内容/教学目标双向量表

教学单元	知识点	教学目标

表5－2 多媒体教学软件文字稿本格式

编号 教学单元	知识点	多媒体信息	呈现方式

（五）多媒体教学软件的分页面制作稿本创作

分页面制作稿本是体现多媒体教学软件的系统知识结构和教学功能，并作为具体制作依据的一种稿本形式。

1. 封页与封底设计

多媒体教学软件的封页，又叫封面，通常呈现题目名称。封底主要说明制作单位、人员、鸣谢及制作日期等。

2. 主页设计

主页一般包括主菜单、帮助、退出等信息。主菜单是主要内容的目录。帮助信息介绍软件的教学目标、对象、内容、功能、图标与按钮的使用、结构等。

3. 单元主页设计

分析不同教学单元，使各单元主页具有相对稳定的教学功能与设计风格。版面布局可划分为教学信息呈现区，一般位于版面的视觉中心，教学功能模块操作区一般位于右侧或底行，帮助提示导航区一般位于左侧或顶行。

4. 分页面制作稿本格式与创作

多媒体教学软件的分页面制作稿本格式如表5－3所示。

表 5－3　多媒体教学软件的分页面制作稿本格式

多媒体教学软件名称：

<table>
<tr><td>页面名：</td><td>文件名：</td><td>编号：</td></tr>
<tr><td colspan="2">交互画面：</td><td>配音：</td></tr>
<tr><td colspan="2">超链接结构方式：
1. 由——页面文件，通过——交互方式进入当前页面；
2. 通过当前页面——交互方式，键出——多媒体信息文件；
……
3. 通过当前页面——交互方式，进入——页面文件。
……</td><td>多媒体信息呈现方式：</td></tr>
</table>

（1）页面名

页面名是页面教学内容的标题、汉字名称。

（2）文件名

文件名是页面教学内容的文件名称。

（3）编号

多媒体教学软件一般是非线性的超文本结构，只能按软件系统结构层次编号，以便软件制作的管理与合成。

（4）交互画面

用草图画出如下内容：信息呈现区、功能模块操作区、帮助提示导航区等的位置、范围，各种交互方式的菜单、按钮、图标、热键、窗口、对话框等。

（5）配音

素材的制作有时需要配音，包括交互画面中的文本、图形、图像、动画，视频中的解说、音乐与效果声。

（6）超链接结构方式

对于每一页面首先要设计通过哪种交互方式进入当前页面、键出哪类多媒体信息和进入另一页面等。

（7）多媒体信息呈现方式

多媒体信息呈现方式主要说明呈现多媒体信息的先后顺序与特技方式，或同一时间呈现的媒体类型。

下面以《小学语文科学小品文》多媒体教学软件制作稿本的创作为案例进行分析。

首先要设计软件的系统知识框架结构，如图 5－3 所示。其中，封页说明软件名称的文字，主页说明课文目录等，主要功能模块有“课文讲解”、“看一看”、“想一想”、“乐一乐”等。如图 5－4 所示的“庄稼的好朋友”课文主页，其中超链接结构方式为：由主页的页面，通过“庄稼的好朋友”菜单进入“庄稼的好朋友”课文主页，通过课文“喇叭

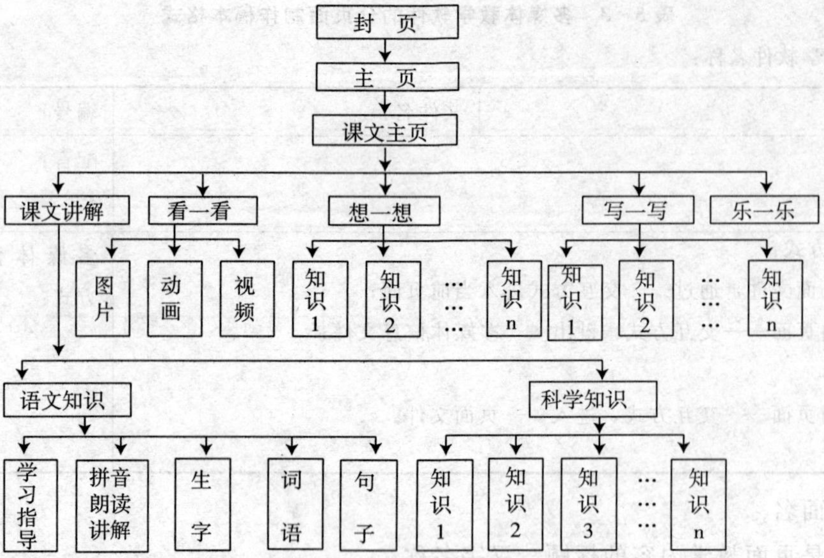

图 5－3　《小学语文科学小品文》软件的系统知识框架结构

(上)”图标，键出全文朗读；通过“喇叭（下）”图标，键出分句朗读；通过“讲解”按钮，键出生字和科学知识的学习（1/2）的热字与热词；通过“看一看”图标，进入“看一看”页面，包括有“图片”、“动画”、“视频”、“返回”按钮；通过“想一想”图标，键出三个问号，点击问号呈现问题与提示的文本及解说，点击提示呈现参考答案的文本与解说；通过“写一写”图标，进入练习本页面。

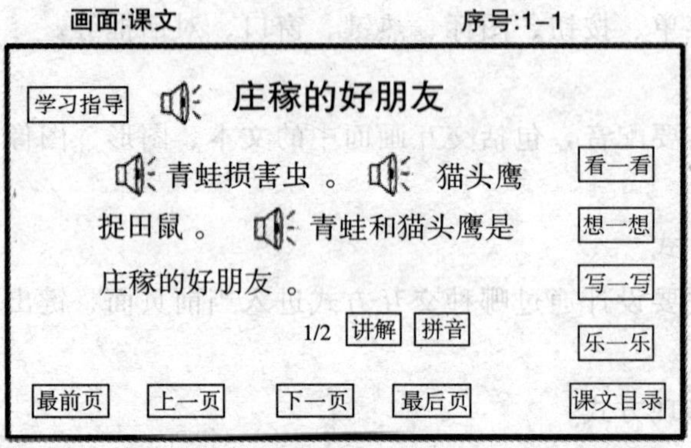

图 5－4　“庄稼的好朋友”课文主页

四、多媒体教学软件的制作

多媒体教学软件的制作，是由计算机软件制作人员根据制作稿本，用多媒体素材创作工具制作与加工文本、图形、图像、声音、动画、视频等素材，以数据文件格式存入计算机，然后用多媒体软件生成工具将多媒体素材编辑合成为一个多媒体教学软件。

（一）多媒体教学软件素材的准备

多媒体教学软件的素材准备包括两方面的工作，一是素材的收集，二是素材的制作加工。

1. 多媒体教学软件的素材类型

多媒体教学软件的素材类型可分为文本类素材、音频类素材、图形图像类素材、动画类素材、视频类素材等几种类型。

（1）文本类素材

文本类素材是以字符为媒介存储的各类教学资料。常用文本素材的文件格式有 DOC、TXT、WPS、WRI、RTF 等。

（2）音频类素材

音频类素材是以各种音频格式存储的教学资料。常用的文件格式有 WAV、MIDI 和 MP3 格式等。

（3）图形图像类素材

图形图像类素材是以图形、图像为媒介存储的各类教学资料。通常分为位图和矢量图。常用的位图文件格式有 BMP、JPEG、GIF、TIF 等，常用的矢量图文件格式有 PNG、EPS、WMF、CDR 等。

（4）动画类素材

动画类素材是以各种动画格式存储的教学资料。动画类素材是用连续运动的方式对各种事件、现象、场景、过程、原理的描绘。常用的有 SWF、GIF、MMM、FLC 等文件格式。

（5）视频类素材

视频类素材是以各种视频格式存储的教学资料。通过对各种现实场景的真实描绘，提供真实、亲切的经验，突破时空限制。常用的有 MOV、MPG、AVI、RM、DAT 等文件格式。

2. 多媒体教学软件素材的制作

（1）文本素材的制作

利用文字处理软件（如 Word 等）、扫描识别系统（OCR）、多媒体著作软件的文本输入编辑功能等制作与加工文本素材。

（2）图形、图像的制作

利用程序设计语言和图形创作软件、扫描仪、数码相机、摄像机、帧捕捉软件、多媒体著作软件的绘图工具箱等制作图形、图像，再利用图像处理软件制作与加工。

（3）动画的制作

利用二维（如 Animator Pro、Flash 等）和三维（如 3DS 等）动画创作工具软件，制作出形象逼真、生动活泼的二维平面和三维立体动画素材。

（4）音频的制作

利用音频采集卡将来自话筒、录音带、录像带、音乐、效果声的模拟音频信号转换成数字音频信号，利用音频处理软件（如 Sound Recorder、WaveEdit 等）进行编辑与特技效果处理。

(5) 视频的制作

利用视频采集卡，将来自摄像机、电影电视转换设备等的模拟视频信号转换成数字视频信号，以视频文件格式存入计算机，并可通过视频处理软件（如 Adobe Premiere、Media Studio 等）完成编辑与特技效果处理。

（二）多媒体教学软件编辑与合成

利用多媒体软件集成工具，将符合教学需要的多媒体素材编辑与合成为一个多媒体教学软件。多媒体软件集成工具主要有程序设计语言、通用多媒体著作软件和学科专用多媒体著作软件等类型。

1. 程序设计语言

(1) 传统编程语言

传统编程语言，如 Basic、Pascal、LISP 等。

(2) 可视化编程语言

可视化编程语言，一方面保留传统程序设计语言的特性，另一方面改变其设计环境为可视化系统，特点是占用存储空间较小，一般供计算机专业制作人员使用。常用的可视化编程语言有 Visual Basic、Delphi 等，这类工具的特点是占用存储空间较小，一般供专业的计算机软件制作人员使用。

2. 通用多媒体著作软件

主要是供非计算机专业人员制作各个学科的多媒体教学软件。它具有概念清晰、易学易用、开发效率高等特点，但占用存储空间较大。按照多媒体素材的编辑特性可分为以下几种。

(1) 基于卡片、页面的著作软件

这类多媒体著作软件如著书一样，按照一页或一叠卡片的形式来组织编辑，如 Hypercard、ToolBook、HongTool（洪图）、Founder Author（方正奥思）等。

(2) 基于流程图的著作软件

这类多媒体著作软件是将数据按对象或事件出现的顺序来组织编辑，并以流程线为主干，以图标的形式形成软件的制作，如 Authorware、Icon Author 等。

(3) 基于时间顺序的著作软件

这类多媒体著作软件中的资料或事件是以时间顺序（时间轴）来组织编辑的，并以“帧”为单位时间，制作出来的软件像电影和卡通影片一样，如 Director、Action 等。

3. 学科专用多媒体著作软件

学科专用多媒体著作软件，只适用于制作某一学科的多媒体教学软件。如利用“几何画板”、“绘画”、“作曲”等学科专用多媒体著作软件，在学科教学中将信息技术与课程整合，探索新的教学方法，培养学生创作多媒体作品的能力。

（三）多媒体教学软件调试与打包

制作完成后要进行全方位的系统调试。检测后进行打包发布，成为可以展示的最终产品。所谓打包就是完成的多媒体作品要生成一个可执行文件，使作品脱离开发环境独立运行，这个过程就称为程序的打包操作。

五、多媒体教学软件评审表

表 5－4　多媒体教学软件评审表

评审项目	评审标准	权重	评审等级 优 4	良 3	中 2	差 1
教育性（40 分）	选题恰当，符合课程标准要求及学生实际	3.00				
	突出重点，突破难点，深入浅出，易于接受	3.50				
	以学生为主体，促进思维，培养能力	2.25				
	作业和练习典型，分量适当，有创意	1.25				
科学性（20 分）	内容正确，逻辑严密，层次清楚	2.50				
	模拟仿真形象，举例恰当、准确、真实	1.25				
	场景设置、素材选取、名词术语、操作示范符合有关规定	1.25				
技术性（20 分）	图像、动画、声音、文字设计合理	1.25				
	画面清晰，动画连续，色彩逼真，文字醒目	1.25				
	声音清晰，音量适当，快慢适度	1.25				
	交互设计合理，智能性好	1.25				
艺术性（10 分）	媒体多样，选用适当，创意新颖，构思巧妙，节奏合理	1.50				
	画面悦目，声音悦耳	1.00				
使用性（10 分）	界面友好，操作简单、灵活	1.25				
	容错能力强，文档齐备	1.25				
总分						

第四节　网络课件

课件是对一个或几个知识点实施相对完整教学的用于教育教学的软件，根据运行平台划分，可分为网络版的课件和单机运行的课件。网络版的课件指能在标准浏览器中运行，通过网络教学环境能被共享的课件。

一、网络课件的开发流程

网络课件的开发流程一般包括：确定选题、教学设计、系统设计、稿本编写、素材准备、课件制作、试用评价和经过修改形成产品等环节。如图 5－5 所示。

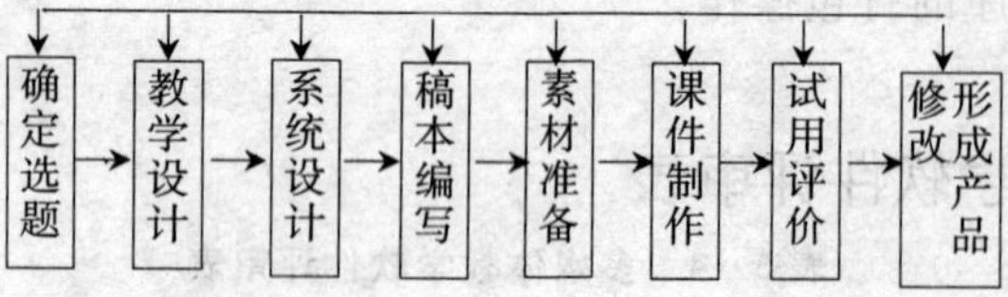

图 5－5　网络课件的开发流程

二、网络课件的设计

网络课件的设计要以知识点为单位，对每一个知识点，要设计适合教学单元需要的网络课件。

（一）网络课件的设计原则

1. 交互性

要有良好的交互性，及时对学生的学习活动作出相应的反馈。

2. 界面直观友好

界面要美观，符合学生的视觉心理；操作要简单；提示信息要详细、准确、恰当。

3. 培养创新能力

应采取多种教学策略，充分体现学生的认知主体作用，使学生积极思考，培养学生的创新能力，提高信息文化素养。

4. 科学性

所要表达的知识要具有科学性，措辞要准确，行文要流畅，符合知识的内在逻辑体系和学生的认知结构。

5. 协作性

网络课件要提供协作学习和协作工作的工具和网络空间。

6. 教学设计

要注意分析学习者的特征，分析教学目标和教学内容的结构，设计符合学生认知心理的知识表现形式，设计能够有力地促进主动建构知识意义的学习策略。

（二）网络课件的设计过程

在网络课件的设计过程中，设计者要将重点放在网络课件的教学设计与系统设计上。网络课件的设计与前面讲述的多媒体教学软件的设计相似。

三、网络课件的制作

网络课件设计以后，就进入网络课件的制作阶段。网络课件的制作主要包括：网络课